KARTE
BILD
WORT

Niedersachsen

Astrid Kasper
Margret Miosge
Barbara Weißleder

Schroedel

Niedersachsen auf der Erdkugel

Am 16. Juli 1969 starteten die ersten amerikanischen Astronauten mit einer Rakete zum Flug auf den Mond. Nach dem Start konnten sie noch einzelne Länder, Meeresküsten und die Erdkrümmung am Horizont erkennen. Mit zunehmender Entfernung von der Erde bewunderten sie bald eine blauweiße Kugel, die im Dunkel des Weltalls schwebt.

Die Mondfahrer haben als erste Menschen die Kugelgestalt der Erde mit eigenen Augen gesehen. Aus dem Weltraum fotografierten sie die Erde.

Heute fliegen zahlreiche Satelliten in viel geringerer Entfernung um die Erde und senden ständig Bilder von der Erdoberfläche an die Bodenstationen. So ist auch das Satellitenbild von Deutschland entstanden. Wenn ihr genau hinschaut, erkennt ihr die Meeresküsten und die Inseln, aber auch die großen Seen und die Gebirge.

In das Satellitenbild ist die Landesgrenze unseres Bundeslandes eingezeichnet. Ihr könnt leicht erkennen, dass Niedersachsen ganz im Norden der Bundesrepublik Deutschland liegt und an einen Nachbarstaat grenzt.

Nach diesem Satellitenfoto entstand die Karte von Niedersachsen. Dabei wurde auf viele, kaum erkennbare Einzelheiten aus dem Satellitenbild verzichtet, andere aber durch verschiedene Farben oder Beschriftungen hervorgehoben. Sie sind wichtige Informationen für den Kartenbenutzer.

1 Vergleicht das Satellitenfoto mit der Karte.

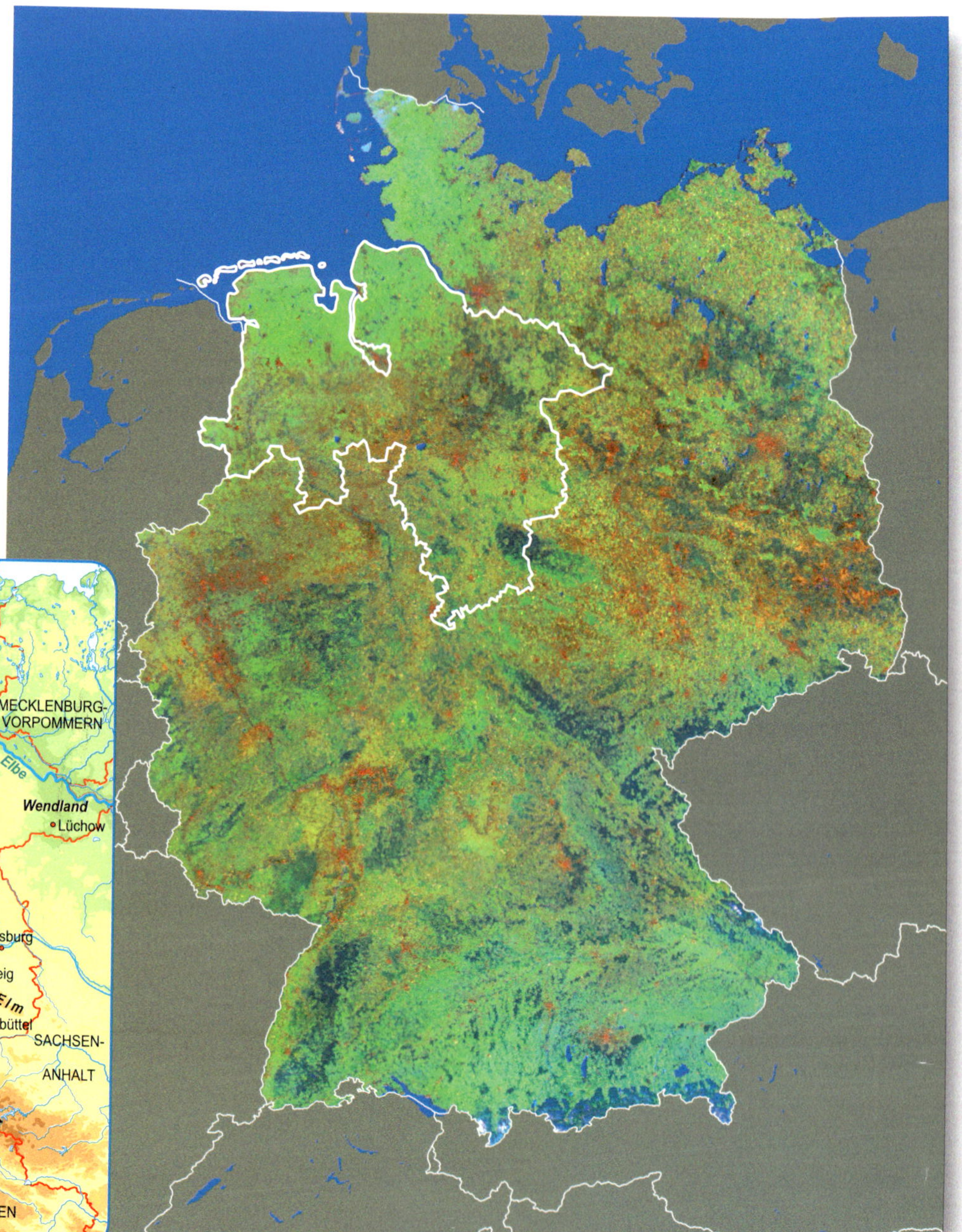

Rekorde in Niedersachsen

Schnackenburg

Mit weniger als 700 Einwohnern ist Schnackenburg an der Elbe die kleinste Stadt Niedersachsens.

Giebichenstein

Der größte Findling in Niedersachsen ist der Giebichenstein bei Nienburg. Er wiegt 330 Tonnen, etwa so viel wie 60 Elefanten.

Schützenfest Hannover

Das Hannoversche Schützenfest ist das größte der Welt. Jedes Jahr besuchen etwa zwei Millionen Gäste den großen Schützenplatz.

Kirchturm in Suurhusen

Im Dorf Suurhusen nördlich von Emden steht der schiefste Turm der Welt. Der 27,37 m hohe Turm ragt am Dachfirst 2,47 m über. Er ist im Guinness-Buch der Weltrekorde eingetragen.

Oderteich

Der Oderteich im Harz gilt als die älteste Talsperre Deutschlands. Er wurde 1722 fertiggestellt und war bis 1891 die größte Talsperre Deutschlands.

Steinhuder Meer

Das etwa 8 km lange und 4,5 km breite, aber nur 3 m tiefe Steinhuder Meer ist der größte Binnensee Niedersachsens. Die Wasserfläche beträgt 30 km².

Wurmberg

Mit einer Höhe von 971 m ist der Wurmberg der höchste Berg Niedersachsens. Besucher können mit der Seilbahn zum Gipfel fahren. Dort befindet sich auch die größte Skisprungschanze des Harzes.

Übersichtskarte Niedersachsen: Gewässer und Höhenschichtung

Kein anderes Bundesland in Deutschland hat zugleich ein Tiefland mit Meeresküste und ein Mittelgebirge. Von der Küste im Norden zum Bergland im Südosten nimmt die Höhe des Landes ständig zu. Daher fließen die großen Flüsse in Niedersachsen vom Bergland im Süden in das Tiefland im Norden oder Nordwesten.

Zum niedersächsischen Bergland gehören das Weserbergland, das Leinebergland und bei Osnabrück Teile des Teutoburger Waldes und des Wiehengebirges. Im Mittelgebirge Harz gibt es die höchsten Berge.

Fluss	Länge insgesamt (Länge in Niedersachsen)	Quelle	Mündung
Ems	371km (241 km)	im Teutoburger Wald	Nordsee
Weser	477 km (353 km)	Werra und Fulda	Nordsee
Elbe	1165 km (238 km)	im Staat Tschechien	Nordsee
Aller	263 km (205 km)	im Bundesland Sachsen-Anhalt	Weser
Leine	279 km (247 km)	im Bundesland Thüringen	Aller
Hase	193 km (193 km)	im Teutoburger Wald	Ems

Höchste Erhebungen	Höhe
Wurmberg im Harz	971 m
Große Blöße im Weserbergland	528 m
Großesohl im Leinebergland	472 m

Ostfriesische Insel

Vor der Küste des Festlandes liegen die sieben Ostfriesischen Inseln in der Nordsee. Zur Meerseite haben sie Dünen und Sandstrände.

Zwischen Festland und Inseln erstreckt sich das Wattenmeer, ein einzigartiger Lebensraum, der zweimal am Tag vom Wasser der Nordsee überflutet wird. Zwischenzeitlich läuft das Wasser ab und man kann auf dem Meeresboden gehen. Hohe Deiche schützen das tiefliegende fruchtbare Marschland an der Küste vor Überschwemmungen.

Nordseeküste

Fluss im Tiefland

Große Flüsse durchqueren Niedersachsen und fließen Richtung Nordsee.
Im Bergland fließen sie oft in tiefen und engen Tälern. Das Flachland durchfließen sie mit großen Windungen, besonders in den breiten ehemaligen Urstromtälern der Eiszeit.
Die größten schiffbaren Flüsse sind Elbe, Weser und Ems. In der Nähe der Küste werden ihre tiefliegenden Flussmarschen durch Deiche geschützt.

Fluss im Gebirge

Solling (Bergland)

Mit Höhen bis zu 500 Metern erstreckt sich das Bergland über den gesamten Süden des Landes. Zwischen den bewaldeten Höhen liegen lössbedeckte Hügel und Senken.
Als Mittelgebirge ragt der Harz weit über das Umland hinaus.
In Niedersachsen ist der Wurmberg mit 971 Metern die höchste Erhebung des Landes. Er wird aber noch überragt von dem 1142 m hohen Brocken in Sachsen-Anhalt.

Harz (Mittelgebirge)

Wie man eine Kartenskizze abpaust

Das Abzeichnen von Kartenskizzen ist schwierig und bringt oft nicht die nötige Genauigkeit. Einfacher und erfolgreicher ist es, wenn ihr die Kartenskizze abpaust. Dazu braucht ihr einen Bogen Butterbrotpapier, vier kleine Stücke Klebestreifen (gut geeignet ist Kreppband), einen spitzen Bleistift und später Schere, Klebstoff, Aufklebeblatt und Buntstifte.
Befestigt das Butterbrotpapier mit Kreppband über der Karte auf Seite 4. Zeichnet mit Bleistift alle erforderlichen Linien und Zeichen aufs Papier. Achtet auch auf eine saubere und vollständige Beschriftung. Nehmt das Butterbrotpapier ab und klebt es auf einem Bogen Papier fest. Zum Schluss malt ihr eure Zeichnung mit den entsprechenden Buntstiften an.

Große Städte in Niedersachsen

Oldenburg: Schloss

Celle: Schloss

Salzgitter

Hannover: Neues Rathaus

Wilhelmshaven: Rathaus

Delmenhorst: Nordwollestraße

Niedersachsen hat eine große Landesfläche. Die Städte sind nicht gleichmäßig über das ganze Land verteilt. Städte über 100 000 Einwohner werden als Großstädte bezeichnet. Die meisten Großstädte liegen in einem Teil des Landes.

Die zwölf größten Städte und ihre Einwohnerzahl

Hannover	516 000
Braunschweig	245 000
Osnabrück	163 000
Oldenburg	159 000
Göttingen	122 000
Wolfsburg	121 000
Salzgitter	107 000
Hildesheim	103 000
Wilhelmshaven	83 000
Delmenhorst	75 000
Lüneburg	72 000
Celle	71 000

1. Sucht diese Städte auf der Karte Seite 8/9.
   In welchem Teil Niedersachsens liegen die größten Städte?

2. Von einigen der oben genannten Städte gibt es auf dieser Seite ein Foto. Von welchen Städten gibt es kein Foto?
   Sucht im Buch nach Fotos von diesen Städten.

Lüneburg: S 34; Hildesheim: S. 41; Wolfsburg: S.42/43; Braunschweig: S. 46/47; Osnabrück: S. 48; Göttingen: S. 51

Verwaltungskarte Niedersachsen

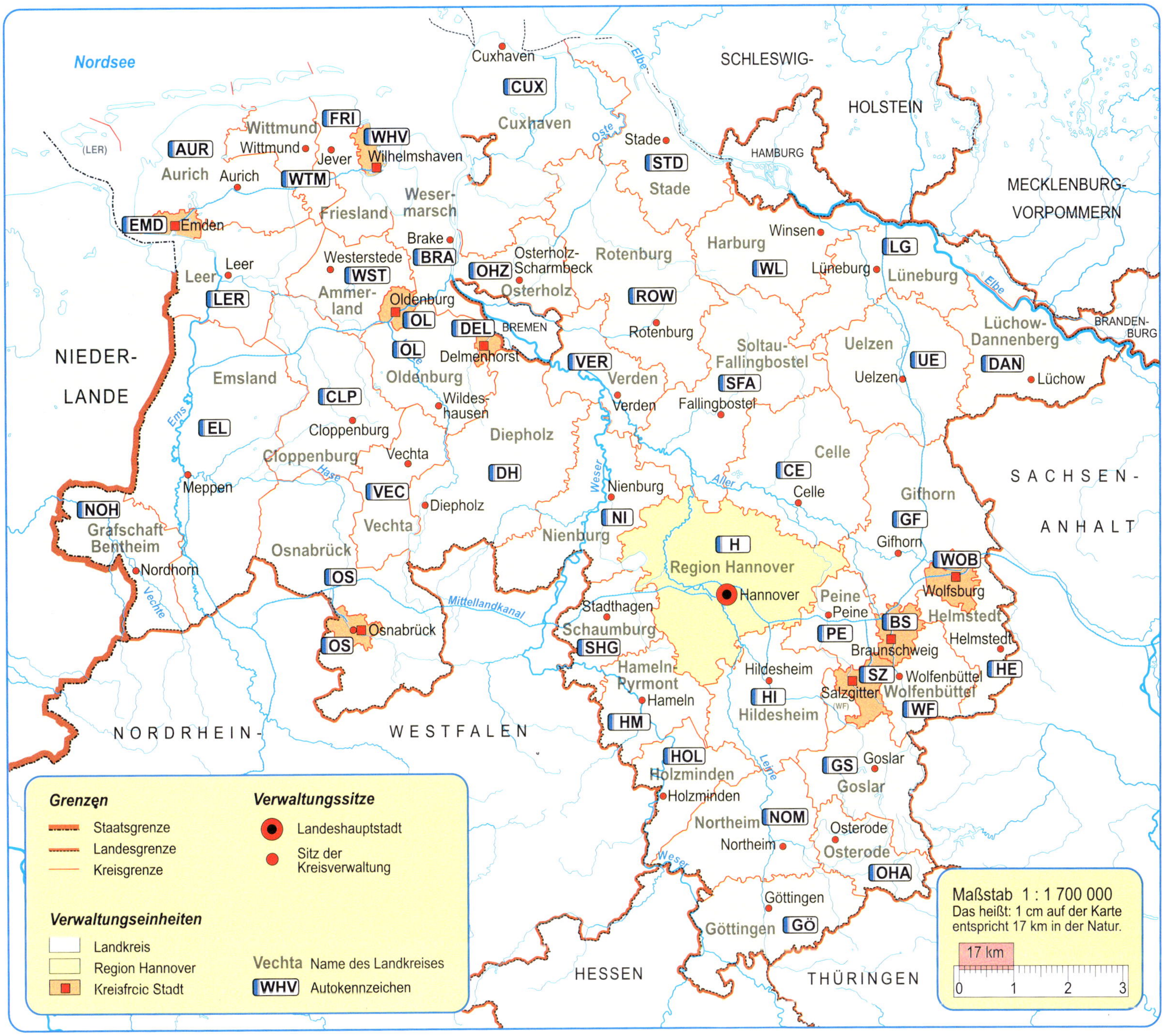

Das Bundesland Niedersachsen entstand 1946 aus den früheren Ländern Hannover, Braunschweig, Schaumburg-Lippe und Oldenburg.

Niedersachsens Wappen zeigt ein nach links springendes weißes Pferd auf rotem Feld. Dieses Wappen ist auch auf der schwarz-rot-gold gestreiften Landesflagge zu finden.
Die Landeshauptstadt ist Hannover. Hier ist der Sitz des Niedersächsischen Landtags und der Landesregierung mit ihren Ministerien.
Niedersachsen ist gegliedert in Landkreise und kreisfreie Städte. Sie haben eigene Behörden und Verwaltungen.

1. Welches Kennzeichen haben die Autos in eurem Wohnort?
2. Findet euren Landkreis, eure kreisfreie Stadt oder Region auf der Karte.
3. Nennt benachbarte Kreise.
4. Spielt ein Quiz mit Autokennzeichen.
5. Wie viele Kreise und kreisfreie Städte gibt es in Niedersachsen?

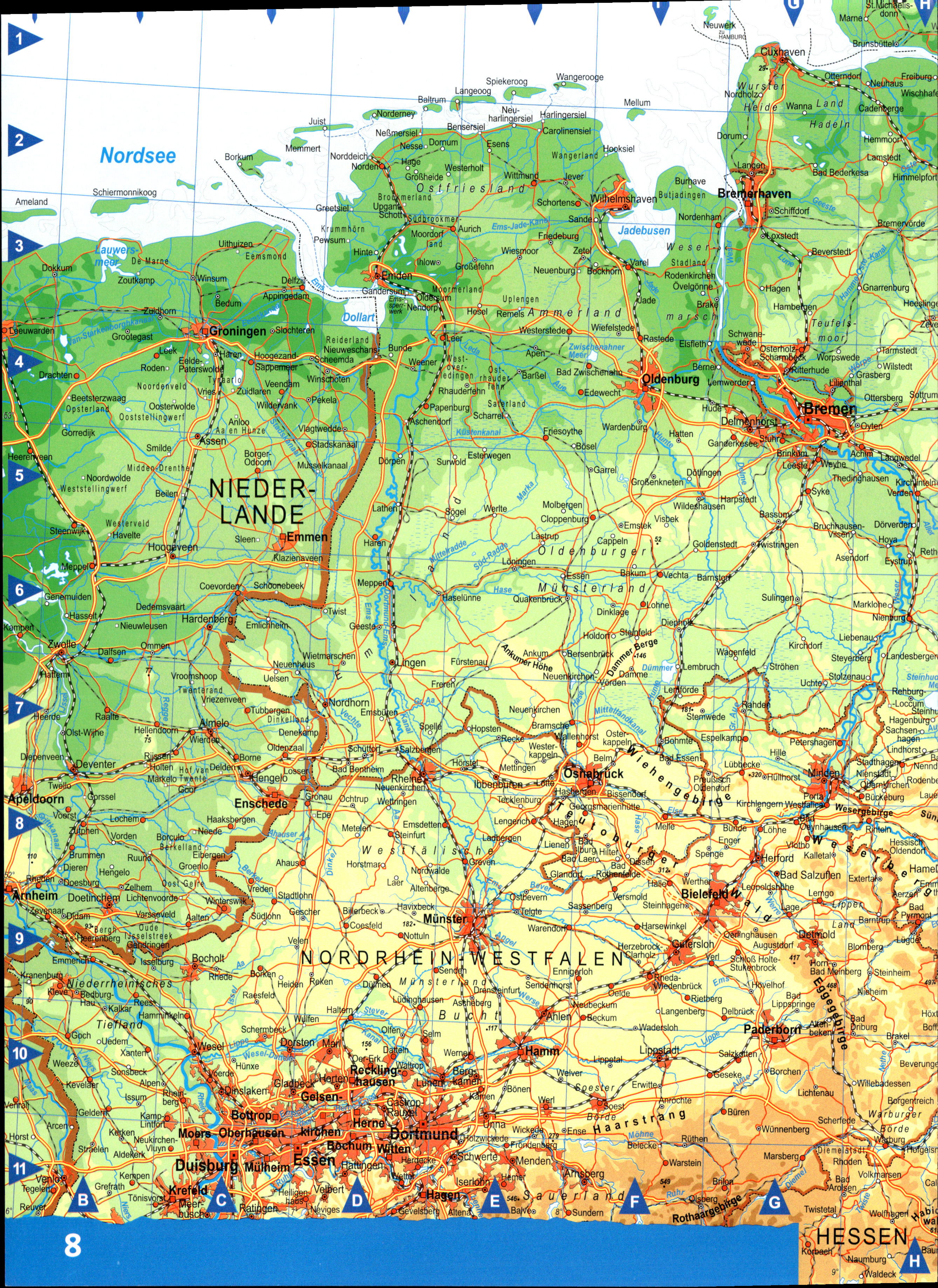
Nordsee
NIEDER-
LANDE
NORDRHEIN-WESTFALEN
HESSEN
Ostfriesland
Oldenburger Münsterland
Ammerland
Westfälische Bucht
Münsterland
Teutoburger Wald
Wiehengebirge
Weserbergland
Eggegebirge
Haarstrang
Sauerland
Rothaargebirge
Niederrheinisches Tiefland
Emsland
Wesermarsch
Hadeln
Wurster Heide
Teufelsmoor
Dammer Berge
Ankumer Höhe
Jadebusen
Dollart
Lauwersmeer
Ameland
Schiermonnikoog
Borkum
Juist
Memmert
Norderney
Baltrum
Langeoog
Spiekeroog
Wangerooge
Mellum
Neuwerk
Cuxhaven
Bremerhaven
Wilhelmshaven
Emden
Aurich
Norden
Leer
Oldenburg
Bremen
Delmenhorst
Groningen
Assen
Emmen
Lingen
Meppen
Papenburg
Cloppenburg
Vechta
Osnabrück
Minden
Bielefeld
Herford
Detmold
Paderborn
Gütersloh
Münster
Rheine
Enschede
Hengelo
Almelo
Deventer
Apeldoorn
Arnheim
Zwolle
Emmerich
Bocholt
Wesel
Duisburg
Krefeld
Essen
Bochum
Dortmund
Gelsenkirchen
Bottrop
Oberhausen
Recklinghausen
Hamm
Unna
Hagen
Iserlohn
Arnsberg
Soest
Lippstadt
Ahlen
Bad Salzuflen
Lemgo
Hameln
Nienburg
Verden
Sulingen
Diepholz
Dümmer
Ems
Weser
Hunte
Lippe
Ruhr
Rhein
Vechte
Hase
Möhne
Mittellandkanal
Dortmund-Ems-Kanal
Küstenkanal
Ems-Jade-Kanal
B C D E F G H
1 2 3 4 5 6 7 8 9 10 11

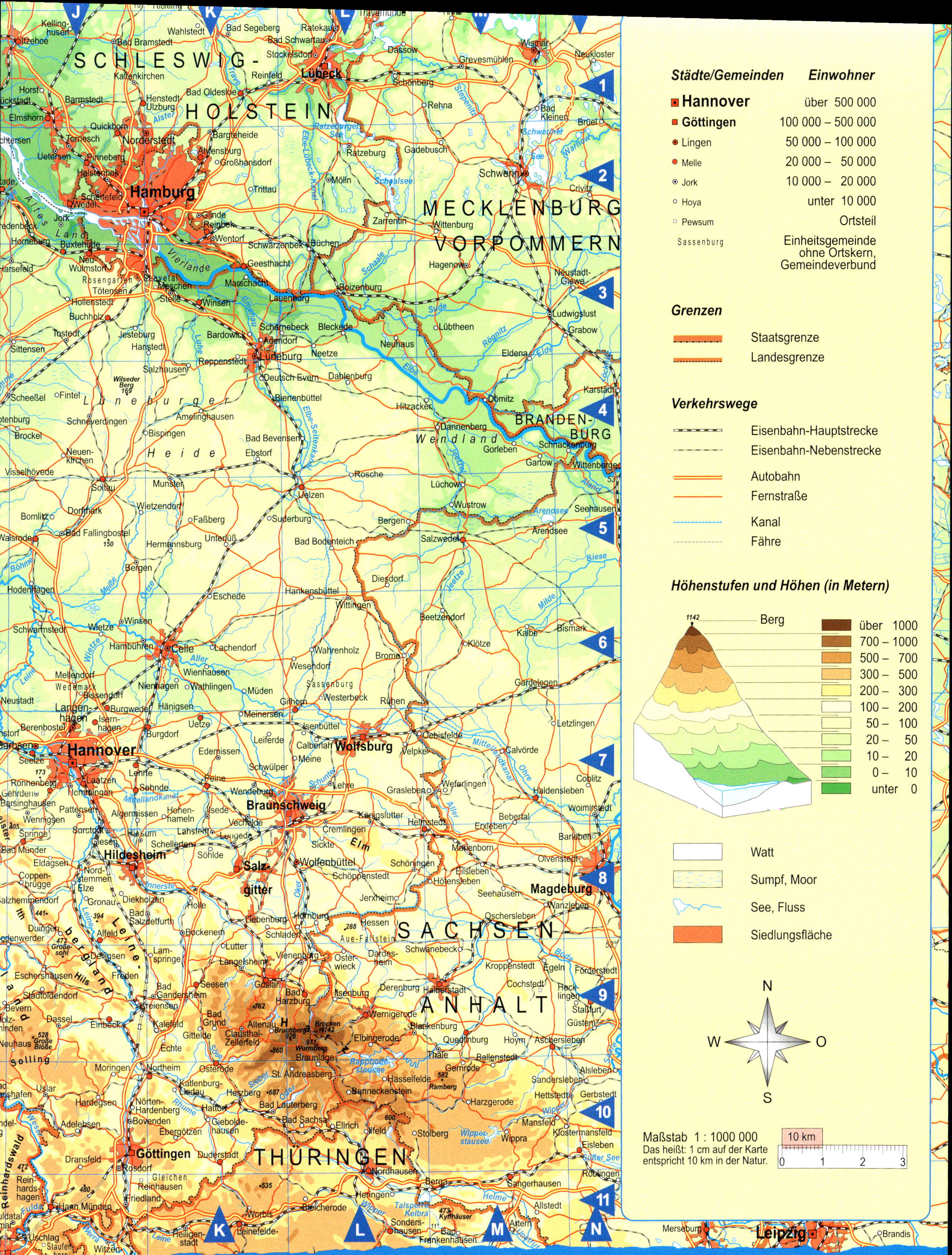
Städte/Gemeinden Einwohner
Hannover über 500 000
Göttingen 100 000 – 500 000
Lingen 50 000 – 100 000
Melle 20 000 – 50 000
Jork 10 000 – 20 000
Hoya unter 10 000
Pewsum Ortsteil
Sassenburg Einheitsgemeinde ohne Ortskern, Gemeindeverbund
Grenzen
Staatsgrenze
Landesgrenze
Verkehrswege
Eisenbahn-Hauptstrecke
Eisenbahn-Nebenstrecke
Autobahn
Fernstraße
Kanal
Fähre
Höhenstufen und Höhen (in Metern)
1142 Berg
über 1000
700 – 1000
500 – 700
300 – 500
200 – 300
100 – 200
50 – 100
20 – 50
10 – 20
0 – 10
unter 0
Watt
Sumpf, Moor
See, Fluss
Siedlungsfläche
N
W
O
S
Maßstab 1 : 1000 000
Das heißt: 1 cm auf der Karte entspricht 10 km in der Natur.
10 km
0 1 2 3
SCHLESWIG-HOLSTEIN
MECKLENBURG-VORPOMMERN
BRANDENBURG
SACHSEN-ANHALT
THÜRINGEN
Lüneburger Heide
Wendland
Hamburg
Hannover
Braunschweig
Wolfsburg
Hildesheim
Salzgitter
Göttingen
Magdeburg
Lübeck
Schwerin
Lüneburg
Celle
Wolfenbüttel
Goslar
Wernigerode
Halberstadt
Nordhausen
Leipzig
Harz
Brocken 1142
Elbe
Leine
Aller
Weser
Mittellandkanal
Elbe-Seitenkanal
J K L M N
1 2 3 4 5 6 7 8 9 10 11

Eiszeit

Vor etwa 600 000 Jahren schoben sich gewaltige Eismassen von Skandinavien über die Nordsee hinweg über das Norddeutsche Tiefland. Sie breiteten sich fächerförmig nach Süden aus, überlagerten die Nord- und die Ostsee und bedeckten Täler und zum Teil auch Berge.
Vier solcher Eiszeiten lassen sich nachweisen, die jeweils unterbrochen waren von Zwischeneiszeiten (Warmzeiten).

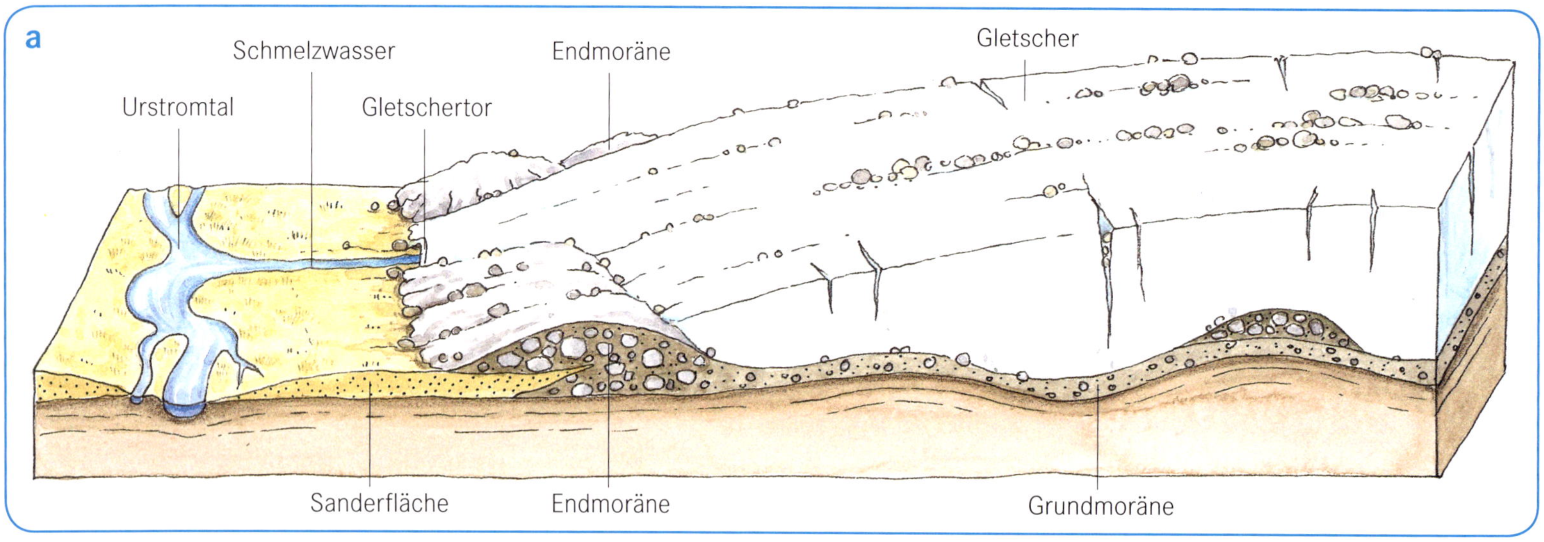

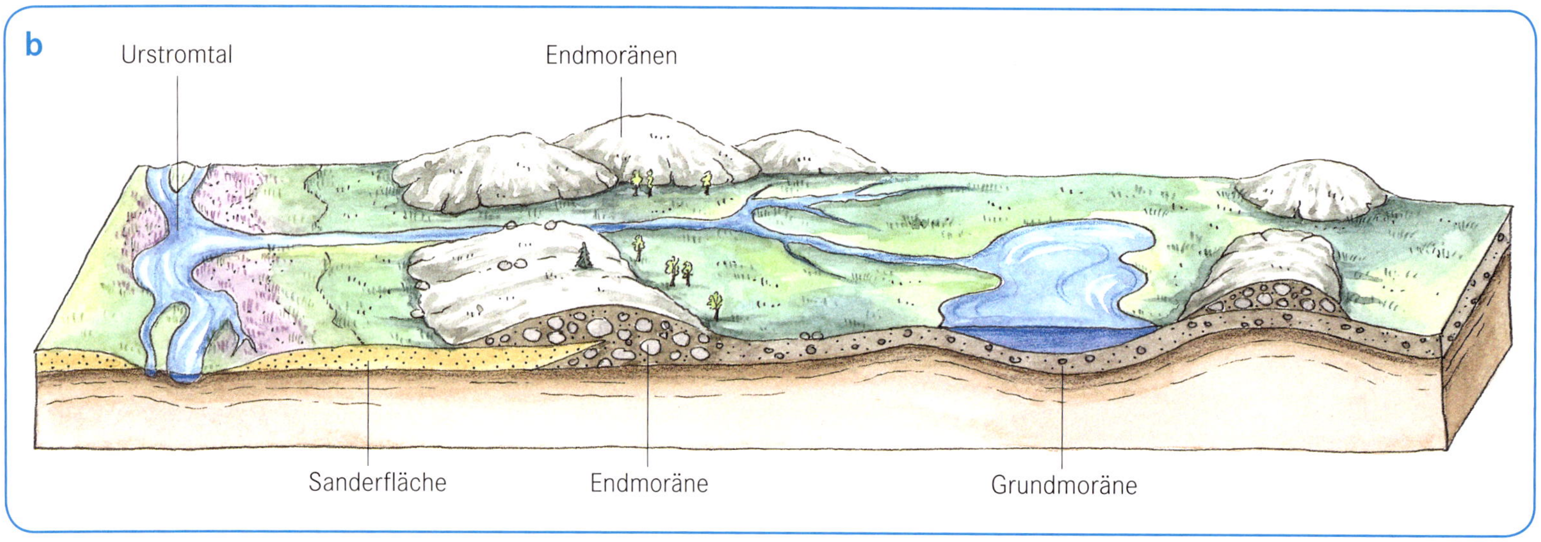

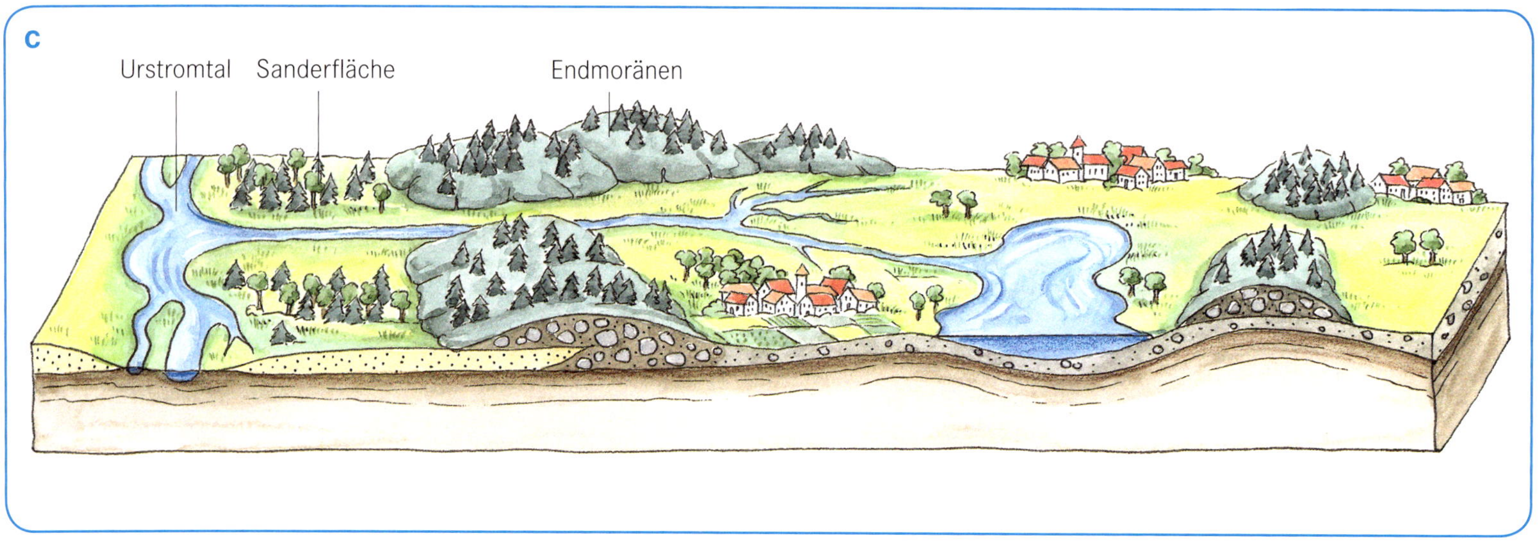

Während der Eiszeiten veränderte sich das Klima. Es wurde deutlich kälter und es schneite sehr häufig in Nordeuropa. Der Schnee blieb liegen und wurde zu Eis. Es bildete sich kilometerdickes Eis, die Gletscher. Sie drangen aus den Gebirgen Nordeuropas bis in das heutige Niedersachsen vor. Im Eis eingeschlossen brachten die Gletscher riesige Mengen an Erde und Steinen mit.
Als das Klima wieder wärmer wurde und das Eis schmolz, blieben die Erdmassen und Steine liegen.

Die Gletscher gestalteten die Oberfläche Niedersachsens:
1. Die flachen oder leicht welligen Grundmoränen lagen einst unter den Gletschern. Die im Eis mitgeführten Erdmassen und Steine blieben nach dem Schmelzen des Eises an Ort und Stelle liegen. Die heutige Landschaft ist flach oder leicht gewellt.
2. Die hügeligen Endmoränen entstanden an der Gletscherstirn. Wie von einer Planierraupe wurden sie durch das vorrückende Eis aufgeschoben. Heute sind die Endmoränen als kleine Höhenzüge in der Landschaft zu erkennen.
3. Die flachen Sander schließen sich an die Endmoränen an. Das Schmelzwasser hat dort große Mengen an Sand und Kies abgelagert.
4. In den Urstromtälern sammelte sich das Schmelzwasser und floss zum Meer ab. Sie bestimmen noch heute die Fließrichtung der Flüsse.

1 Moränen und Sandergebiete zusammen bilden in Niedersachsen die Geest mit lockeren, sandigen, oft trockenen Böden. Sucht auf der Karte Seite 13 die Geestgebiete.

2 Beschreibt die Fließrichtung der großen Flüsse in Niedersachsen.

3 Stellt fest, ob es in eurer Umgebung Spuren der Eiszeit gibt.

4 Forscher haben festgestellt, dass viele Findlinge ursprünglich aus Skandinavien stammen. Erklärt, wie sie nach Niedersachsen kamen.

Gletscher heute

Findling

Endmoräne

Urstromtal

Löss
Kalte, trockene Winde wehten vom Eisrand ins Land. Sehr feine Staub- und Tonteilchen aus dem Vorland der Gletscher trugen sie weit mit fort. Die Teilchen setzten sich vor dem Hügelland ab und bildeten die teilweise dicke Löss-Schicht in der Börde. Löss zählt wegen der kalk- und mineralreichen Bestandteile zu den fruchtbarsten Ackerböden.

5 Sucht auf der Karte Seite 13 die Lössgebiete.

SPEZIAL

Eiszeit-Versuch
Mit diesem Experiment könnt ihr erklären, wie es in der Eiszeit zu dem vielen Schmelzwasser kam und warum es nicht unter den Gletschern im Boden versickerte.
Füllt eine große Plastiktüte mit Wasser. Lasst es zu einem 20 cm dicken Eisblock gefrieren. Das ist der Gletscher. Füllt eine Wanne oder eine Duschtasse aus dem Baumarkt etwa 20 cm hoch mit nassem Sand. Legt den ausgepackten Eisblock auf den Sand und stellt die Wanne etwas schräg. Beobachtet und fühlt den Sand mehrmals im Verlauf des Vormittags.

Die Naturlandschaften Niedersachsens

Küste

Watt

Marsch

Geest

Flusstal

Moor

Bördelandschaft

Hügelland

Mittelgebirge Harz

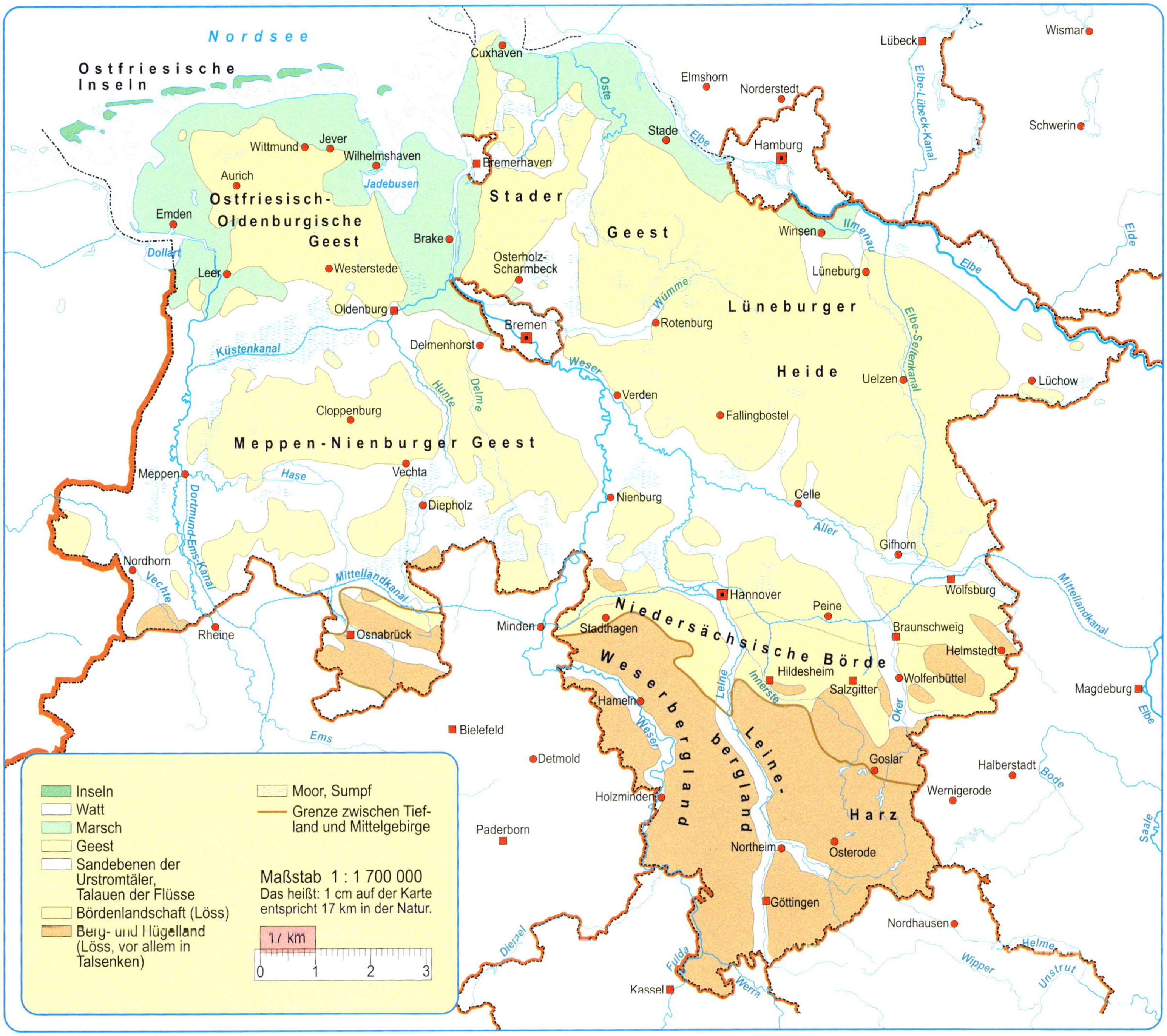

Niedersachsen ist landschaftlich ein sehr vielseitiges Land. Als einziges Bundesland hat es zugleich Meeresküste, Tiefland und Bergland.

Tiefland und Meeresküste

Die Ostfriesischen Inseln liegen wie Perlen vor der Küste des Festlandes. Vor allem Dünen und Sandstrände prägen die Landschaft der Inseln. Das Watt ist ein einzigartiger Raum. Zweimal am Tag wird es vom Wasser der Nordsee überflutet. Zweimal fließt das Wasser wieder ab. Viele Tiere und Pflanzen finden hier ihren Lebensraum.

Die Marsch begleitet die Nordseeküste. Entlang von Elbe, Weser und Ems reicht sie weit ins Binnenland. Sie liegt etwas über dem Meeresspiegel, teilweise aber auch darunter. Die Menschen haben deshalb Deiche gebaut, um die Marsch vor Überschwemmung zu schützen und um das fruchtbare Land nutzen zu können.

Die Geest ist während der letzten Eiszeit durch Ablagerungen der Gletscher entstanden. Hügel und kleine Berge mit über 100 m Höhe sind hier zu finden. An die Geestflächen grenzen weite Sandebenen und Flusstäler. Hier flossen während der Eiszeit das Schmelzwasser der Gletscher und das Wasser aus dem Bergland ab. Heute fließen hier die großen Flüsse Niedersachsens.

Die Bördelandschaft ist mit staubfeinem Lössboden bedeckt, der vom Wind während der letzten Eiszeit hier angeweht wurde. Löss bildet einen sehr fruchtbaren Ackerboden.

In Niedersachsen gab es viele Moore. Die meisten sind jedoch in Kulturland umgewandelt worden. Moore entstanden vor allem in Tälern und Senken, aber auch in der Geest und in der Marsch.

Bergland

Bergland ist im Süden Niedersachsens zu finden. Hier erstrecken sich das Leinebergland und das Weserbergland. Bei Osnabrück gehören Teile des Wiehengebirges und des Teutoburger Waldes dazu. Zwischen den bewaldeten Höhen liegen lössbedeckte Hügel und Senken.

Der Harz zählt zu den Mittelgebirgen. Hier finden sich die höchsten Berge Niedersachsens.

Landwirtschaft in Niedersachsen

Getreideernte

Zuckerrübenernte

Kartoffelernte

Gemüseanbau

Rinder auf der Weide

Schweinemast

In Niedersachsen sind Landwirtschaft und Ernährungsindustrie der zweitwichtigste Wirtschaftsbereich nach der Autoindustrie. Es gibt rund 50 000 Betriebe, die mehr als die Hälfte der Landesfläche bewirtschaften.

Drei von vier Landwirtschaftsbetrieben haben sich spezialisiert. Sie betreiben entweder nur Ackerbau oder haben Futteranbau und Tierhaltung. Außerdem gibt es Gemüseanbau.

Die besten Böden befinden sich in der Börde. Mit sehr guten Erträgen an Weizen und Zuckerrüben erreicht Niedersachsen bundesweit den Spitzenplatz.

Auf weniger ertragsstarken Böden werden Roggen, Gerste und Kartoffeln angebaut. Niedersachsen erzeugt fast die Hälfte der Kartoffelernte Deutschlands.

Die Tierhaltung spielt eine noch größere Rolle als der Ackerbau. Auf dem Dauergrünland in Norddeutschland gibt es Rindermast und Milchviehhaltung.

Schweine und Geflügel werden vor allem in großen Anlagen im Westen des Landes gehalten. Etwa die Hälfte des Geflügelfleisches, ein Drittel des Schweinefleisches und jedes dritte Ei, das in Deutschland verkauft wird, kommen aus Niedersachsen.

Das Alte Land ist Deutschlands größtes Obstanbaugebiet. Dort werden hauptsächlich Äpfel und Kirschen geerntet. Ein Viertel aller Erdbeeren aus deutscher Ernte wächst auf niedersächsischen Feldern.

In Deutschland ist Niedersachsen das wichtigste Bundesland für Landwirtschaft.

1. In welchen Gebieten Niedersachsens wird überwiegend Ackerbau betrieben?
2. In welchen Teilen Niedersachsens gibt es Grünland? Wie wird es genutzt?
3. Wie haben sich Landwirte in Niedersachsen spezialisiert?
4. Begründet, warum Niedersachsen das wichtigste Landwirtschaftsland Deutschlands ist.
5. Findet das Alte Land auf der Karte.

SPEZIAL

Kraftstoff vom Acker.

Im Frühsommer blühen die Rapsfelder leuchtend gelb. Die reifen Samen enthalten viel pflanzliches Öl. Früher wurde Raps daher als Rohstoff für Speiseöl und Margarine angebaut. Heute kann aus Rapsöl Dieselkraftstoff hergestellt werden. Autos, deren Motoren darauf eingestellt sind, fahren mit diesem Bio-Diesel.

Raps

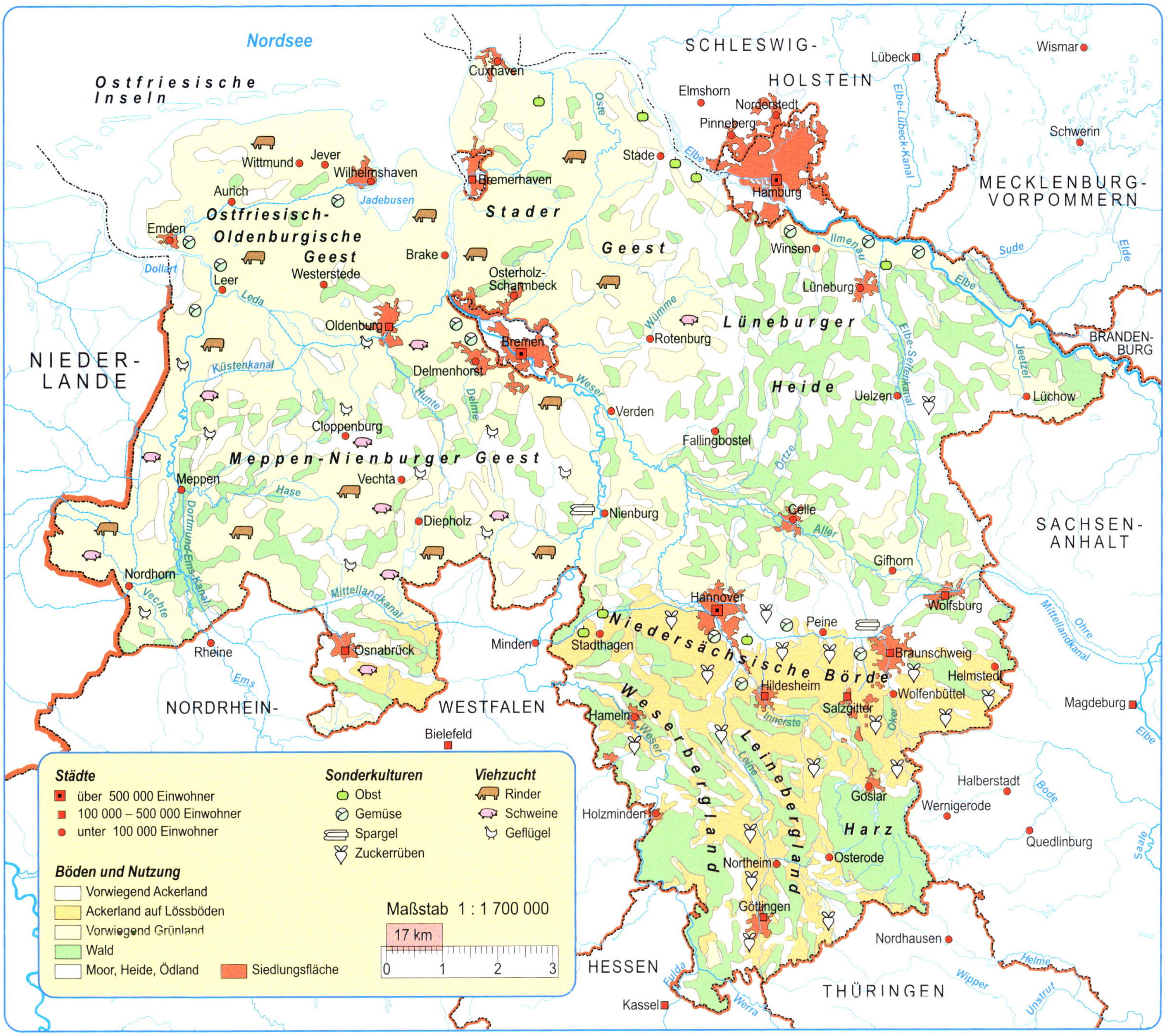

Viele Verbraucher wollen heute Lebensmittel kaufen, die nach strengen Regeln erzeugt und verarbeitet wurden. Beim Öko-Landbau wird weitgehend auf Pflanzenschutz- und Düngemittel verzichtet. Tiere werden in kleiner Anzahl artgerecht gehalten. Mehr als 300 Betriebe verkaufen in Niedersachsen ihre Ökoprodukte direkt in Hofläden, auf Märkten oder über große Handelsketten.

Auf vielen niedersächsischen Bauernhöfen kann man die Ferien verbringen. Die Landwirte bieten Gästezimmer und Ferienwohnungen an. Das ist für sie eine zusätzliche Verdienstmöglichkeit. Vor allem bei Familien mit Kindern ist der Urlaub auf dem Bauernhof sehr beliebt. Oft wurden auf den Bauernhöfen Streicheltiere und Ponys oder Reitpferde für die Gäste angeschafft.

Hofladen

6 Wo werden in Niedersachsen Obst und Gemüse angebaut?

7 Welche Nutzpflanzen findet ihr auf den Feldern in eurer Umgebung?

Verkehr und Industrie in Niedersachsen

In Niedersachsen gibt es verschiedene Verkehrswege: Straßen, Eisenbahnlinien, Flüsse, Kanäle, Seewege und Luftwege. Auf den Verkehrswegen sind rund um die Uhr Menschen unterwegs. Sie fahren zum Arbeitsplatz, zur Schule, zum Einkaufen oder in den Urlaub. Auf allen Verkehrswegen werden Güter transportiert: z. B. Fisch aus Cuxhaven nach Hannover. Rohstoffe oder Grundstoffe werden zur Weiterverarbeitung zu Fabriken gebracht, z. B. Eisenerz zur Stahlhütte in Salzgitter oder Stahlblech in das Volkswagenwerk in Wolfsburg. Die Autos aus Wolfsburg werden an die Autohändler ausgeliefert. Die Karte zeigt dir, welche Güter an welchen Orten in Niedersachsen hergestellt werden.

1. Zählt Verkehrswege auf und nennt die entsprechenden Verkehrsmittel.
2. Welche Industriezweige findet ihr in der Nähe eures Wohnortes?
3. Nennt Städte in Niedersachsen, in denen es Elektrotechnik-Unternehmen gibt.
4. Welche Industrien gibt es in Salzgitter?

Straßenverkehr

Wasserweg

Flughafen

Eisenbahn

Nahrungsmittel

Autoherstellung

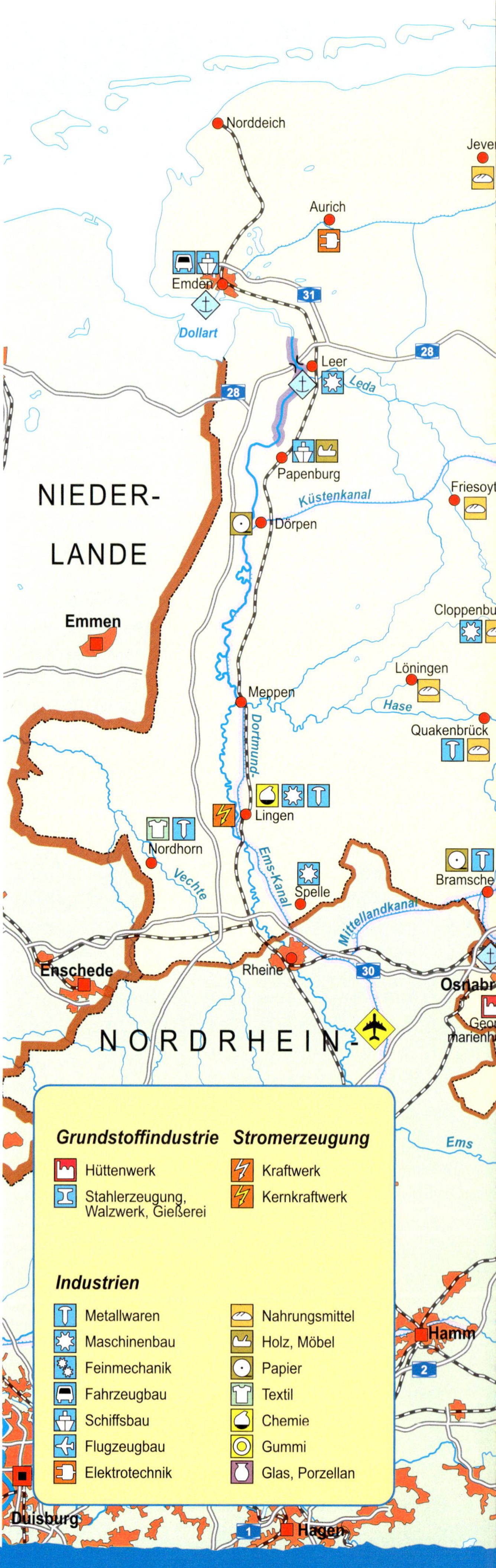

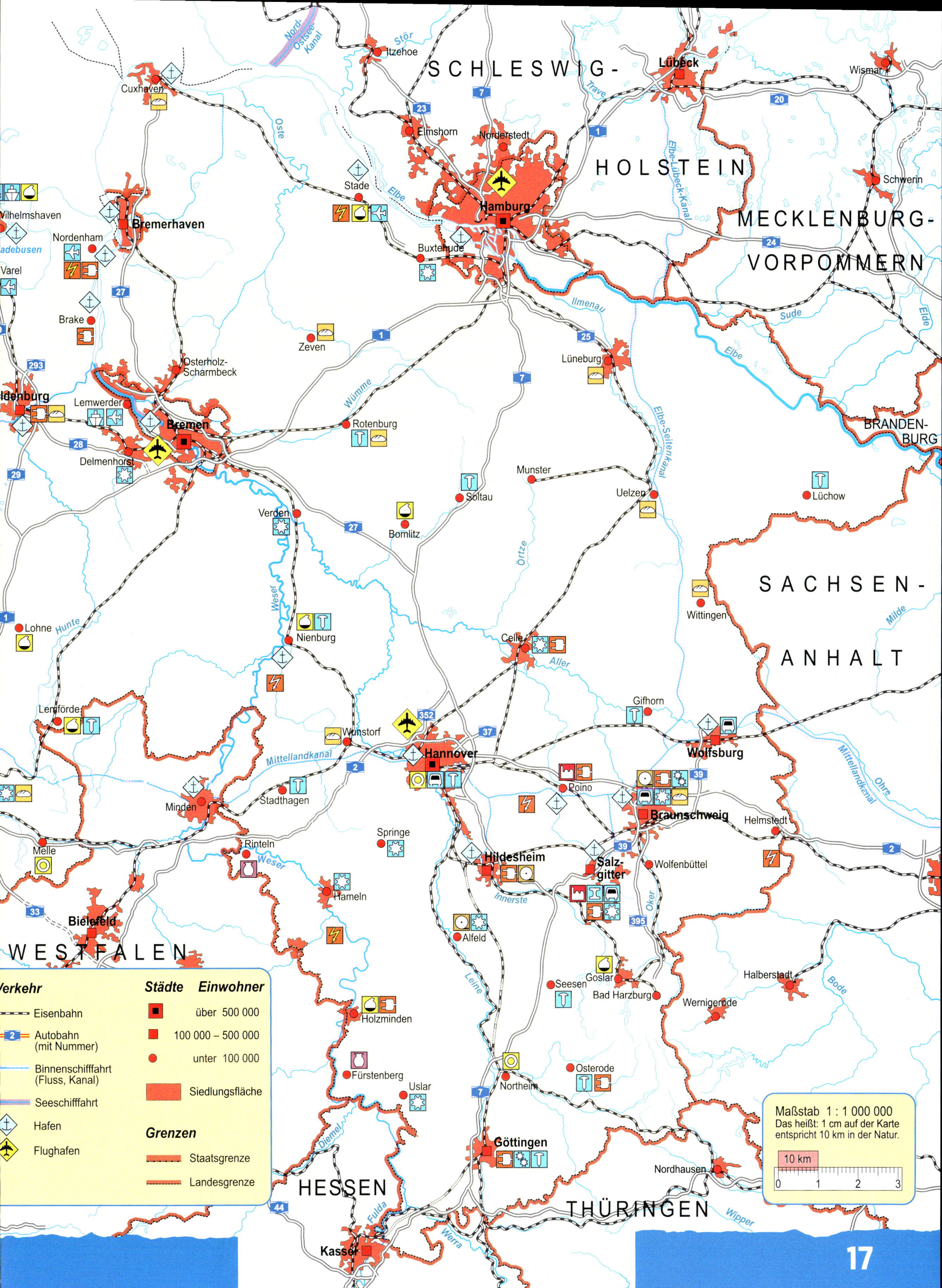

SCHLESWIG-HOLSTEIN
MECKLENBURG-VORPOMMERN
BRANDEN-BURG
SACHSEN-ANHALT
WESTFALEN
HESSEN
THÜRINGEN
Nord-Ostsee-Kanal
Stör
Itzehoe
Lübeck
Wismar
Trave
Cuxhaven
Oste
Elmshorn
Norderstedt
Elbe-Lübeck-Kanal
Schwerin
Stade
Elbe
Hamburg
Wilhelmshaven
Bremerhaven
Nordenham
Jadebusen
Buxtehude
Varel
Brake
Ilmenau
Sude
Elde
Zeven
Lüneburg
Osterholz-Scharmbeck
Oldenburg
Lemwerder
Wümme
Bremen
Rotenburg
Delmenhorst
Elbe-Seitenkanal
Munster
Soltau
Uelzen
Lüchow
Verden
Bomlitz
Örtze
Weser
Wittingen
Milde
Lohne
Hunte
Nienburg
Celle
Aller
Gifhorn
Lemförde
Wunstorf
Mittellandkanal
Hannover
Wolfsburg
Ohre
Peine
Minden
Stadthagen
Braunschweig
Helmstedt
Melle
Rinteln
Springe
Hildesheim
Salzgitter
Wolfenbüttel
Hameln
Innerste
Oker
Bielefeld
Alfeld
Leine
Seesen
Goslar
Halberstadt
Bode
Bad Harzburg
Wernigerode
Holzminden
Fürstenberg
Osterode
Uslar
Northeim
Diemel
Göttingen
Nordhausen
Fulda
Werra
Wipper
Kassel
1
2
7
20
23
24
25
27
28
29
33
37
39
44
293
352
395
Verkehr
Eisenbahn
Autobahn (mit Nummer)
Binnenschifffahrt (Fluss, Kanal)
Seeschifffahrt
Hafen
Flughafen
Städte Einwohner
über 500 000
100 000 – 500 000
unter 100 000
Siedlungsfläche
Grenzen
Staatsgrenze
Landesgrenze
Maßstab 1 : 1 000 000
Das heißt: 1 cm auf der Karte entspricht 10 km in der Natur.
10 km
0
1
2
3

Natur und Freizeit in Niedersachsen

Vor allem an den Wochenenden, an Feiertagen und während des Urlaubs wollen Menschen die freie Zeit nutzen, um sich zu erholen und zu entspannen. Sie möchten etwas erleben, sich sportlich betätigen oder etwas Neues kennen lernen. Deshalb besuchen sie Freizeitangebote am Wohnort und im Umland, fahren in Naturparks oder Nationalparks oder besichtigen Museen. Die Karte zeigt, welche Freizeit- und Erholungsmöglichkeiten es in Niedersachsen gibt.

1. Sucht Freizeiteinrichtungen in der Nähe eures Wohnortes, die ihr gern besuchen würdet.
2. Welcher Naturpark liegt eurem Wohnort am nächsten? Wie viele Naturparks gibt es in Niedersachsen?
3. Wo gibt es einen Tierpark oder Zoo? Nennt Beispiele.
4. Nennt die Namen der Nationalparks.

Wildpark (Springe)

Nationalpark Harz

Strandleben

Mühlenmuseum Gifhorn

Heidepark Soltau

Hämelschenburg

Vogelpark Walsrode

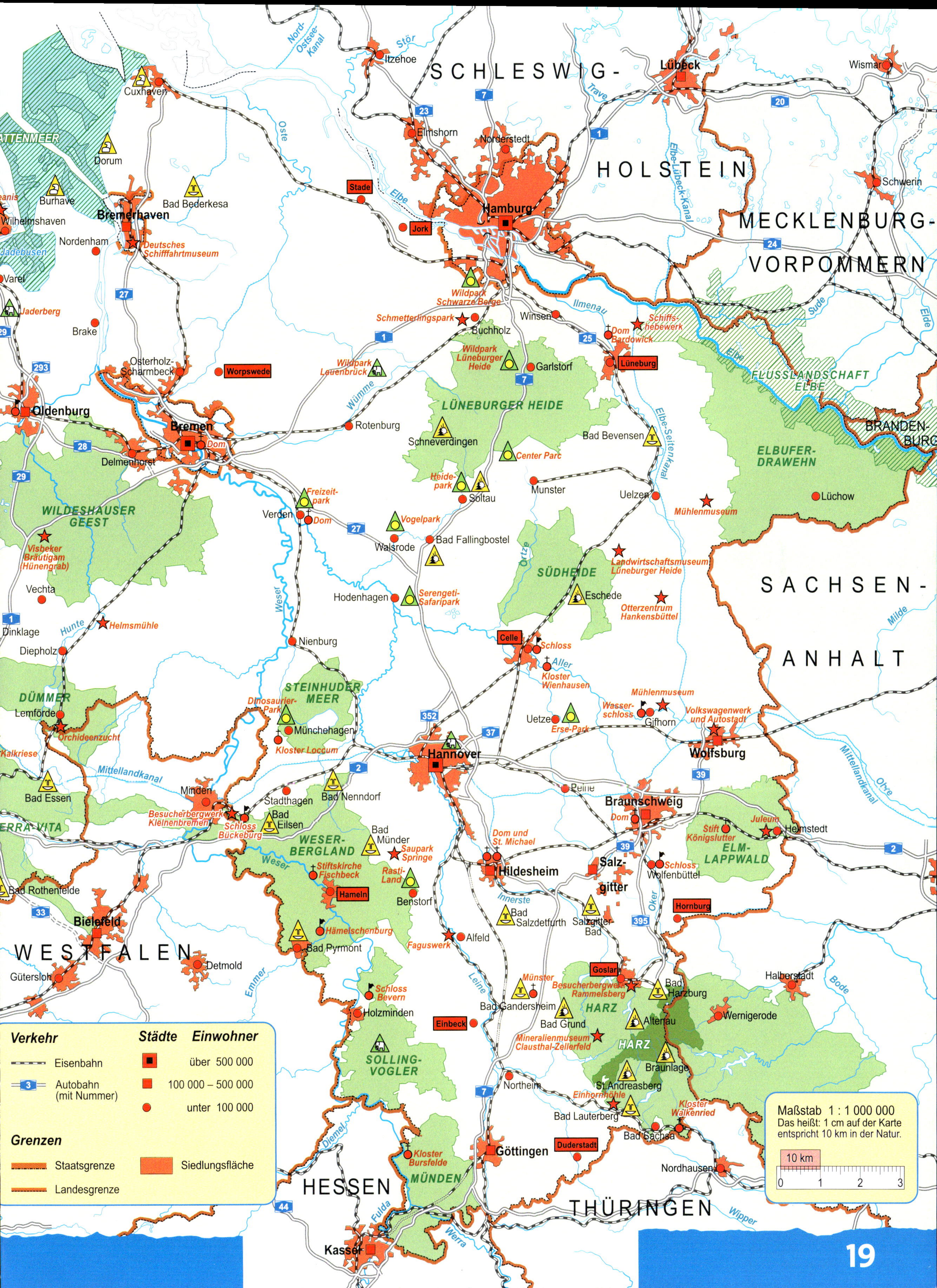

SCHLESWIG-HOLSTEIN
MECKLENBURG-VORPOMMERN
SACHSEN-ANHALT
BRANDENBURG
WESTFALEN
HESSEN
THÜRINGEN
WATTENMEER
Nord-Ostsee-Kanal
Stör
Itzehoe
Lübeck
Wismar
Trave
Cuxhaven
Dorum
Burhave
Bad Bederkesa
Bremerhaven
Wilhelmshaven
Nordenham
Jadebusen
Deutsches Schifffahrtmuseum
Varel
Jaderberg
Brake
Oste
Elmshorn
Norderstedt
Stade
Elbe
Jork
Hamburg
Elbe-Lübeck-Kanal
Schwerin
Wildpark Schwarze Berge
Schmetterlingspark
Buchholz
Winsen
Ilmenau
Schiffs-hebewerk
Dom Bardowick
Lüneburg
Sude
Elde
FLUSSLANDSCHAFT ELBE
Osterholz-Scharmbeck
Worpswede
Wildpark Lauenbrück
Wümme
Wildpark Lüneburger Heide
Garlstorf
LÜNEBURGER HEIDE
Oldenburg
Bremen
Dom
Rotenburg
Schneverdingen
Bad Bevensen
Elbe-Seitenkanal
ELBUFER-DRAWEHN
Delmenhorst
Center Parc
Heide-park
Munster
Soltau
Uelzen
Lüchow
Mühlenmuseum
WILDESHAUSER GEEST
Freizeit-park
Verden
Vogelpark
Walsrode
Bad Fallingbostel
Visbeker Bräutigam (Hünengrab)
Örtze
SÜDHEIDE
Landwirtschaftsmuseum Lüneburger Heide
Vechta
Hodenhagen
Serengeti-Safaripark
Eschede
Otterzentrum Hankensbüttel
Milde
Weser
Hunte
Helmsmühle
Dinklage
Diepholz
Nienburg
Celle
Schloss
Aller
Kloster Wienhausen
DÜMMER
Lemförde
STEINHUDER MEER
Dinosaurier-Park
Münchehagen
Mühlenmuseum
Wasser-schloss
Gifhorn
Volkswagenwerk und Autostadt
Uetze
Erse-Park
Orchideenzucht
Kalkriese
Kloster Loccum
Hannover
Wolfsburg
Mittellandkanal
Ohre
Bad Essen
Minden
Stadthagen
Bad Nenndorf
Peine
Braunschweig
Dom
Besucherbergwerk Kleinenbremen
Schloss Bückeburg
Bad Eilsen
TERRA VITA
WESER-BERGLAND
Bad Münder
Saupark Springe
Dom und St. Michael
Hildesheim
Salzgitter
Schloss Wolfenbüttel
Stift Königslutter
Juleum
Helmstedt
ELM-LAPPWALD
Stiftskirche Fischbeck
Rasti-Land
Hameln
Benstorf
Innerste
Oker
Hornburg
Bad Rothenfelde
Bielefeld
Bad Salzdetfurth
Salzgitter-Bad
Hämelschenburg
Alfeld
Faguswerk
Bad Pyrmont
Detmold
Gütersloh
Emmer
Leine
Goslar
Münster
Besucherbergwerk Rammelsberg
Bad Harzburg
Halberstadt
Bode
Schloss Bevern
Holzminden
Bad Gandersheim
Wernigerode
HARZ
Bad Grund
Altenau
Einbeck
Mineralienmuseum Clausthal-Zellerfeld
SOLLING-VOGLER
Braunlage
Northeim
St. Andreasberg
Einhornhöhle
Kloster Walkenried
Bad Lauterberg
Bad Sachsa
Diemel
Kloster Bursfelde
Göttingen
Duderstadt
MÜNDEN
Nordhausen
Fulda
Werra
Wipper
Kassel
Verkehr
Eisenbahn
Autobahn (mit Nummer)
Städte Einwohner
über 500 000
100 000 – 500 000
unter 100 000
Grenzen
Staatsgrenze
Landesgrenze
Siedlungsfläche
Maßstab 1 : 1 000 000
Das heißt: 1 cm auf der Karte entspricht 10 km in der Natur.
10 km
0 1 2 3

Nordsee
Wangerooge
Spiekeroog
Langeoog
Baltrum
Norderney
Juist
Memmert
Borkum
Mellum
Neu-
harlingersiel
Harlingersiel
Carolinensiel
Bensersiel
Neßmersiel
Nesse
Dornum
Esens
Norddeich
Norden
Hage
Großheide
Westerholt
Wittmund
Jever
Wangerland
Hooksiel
Ostfriesland
Brookmerland
Upgant-
Schott
Greetsiel
Südbrookmer-
land
Moordorf
Aurich
Krummhörn
Pewsum
Hinte
Ihlow
Großefehn
Emden
Gandersum
Ems-
sperr-
werk
Oldersum
Nendorp
Moormerland
Ems-Jade-Kanal
Friedeburg
Wiesmoor
Schortens
Wilhelmshaven
Sande
Zetel
Neuenburg
Bockhorn
Varel
Jadebusen
Jade
Burhave
Butjadingen
Nordenham
Weser-
Stadland
Rodenkirchen
Övelgönne
Brake
marsch
Weser
Dollart
Uplengen
Remels
Hesel
Ammerland
Westerstede
Wiefelstede
Rastede
Zwischenahner
Meer
Bad Zwischenahn
Apen
Oldenburg
Edewecht
Leer
Leda
West-
over-
ledingen
Ost-
rhauder-
fehn
Rhauderfehn
Barßel
Aue
Saterland
Scharrel
Friesoythe
Bösel
Garrel
Papenburg
Aschendorf
Küstenkanal
Esterwegen
Surwold
Dörpen
Lathen
Werlte
Molbergen
Marka
Cuxhaven
29
Wurster
Heide
Nordholz
Wanna
Otterndorf
Hade
Dorum
Bad Bederkesa
Langen
Bremerhaven
Geeste
Schiffdorf
Loxstedt
Beverstedt
Lune
Hagen
Hamberge
Teufe
Schwane-
wede
Osterholz-
Scharmbeck
Worpswe
Ritterhude
Lilienth
Elsfleth
Berne
Lemwerder
Hude
Delmenhorst
Bremen
Stuhr
Ganderkesee
Brinkum
Leeste
Weyhe
Syke
Delme
Harpstedt
Wardenburg
Hatten
Hunte
Dötlingen
Großenkneten
Wildeshausen
Uithuizen
Eemsmond
Bedum
Appingedam
Delfzijl
Eemskanaal
Slochteren
Reiderland
Nieuweschans
Bunde
Weener
Hoogezand-
Sappemeer
Scheemda
Winschoten
Veendam
Pekela
Wildervank
Zuidlaren
Anloo
Vlagtwedde
Stadskanaal
Aa en Hunze
Borger-
Odoorn
Musselkanaal
NIEDER-
LANDE
7°
8°
53°
C
D
E
F
G
1
2
3
4
5

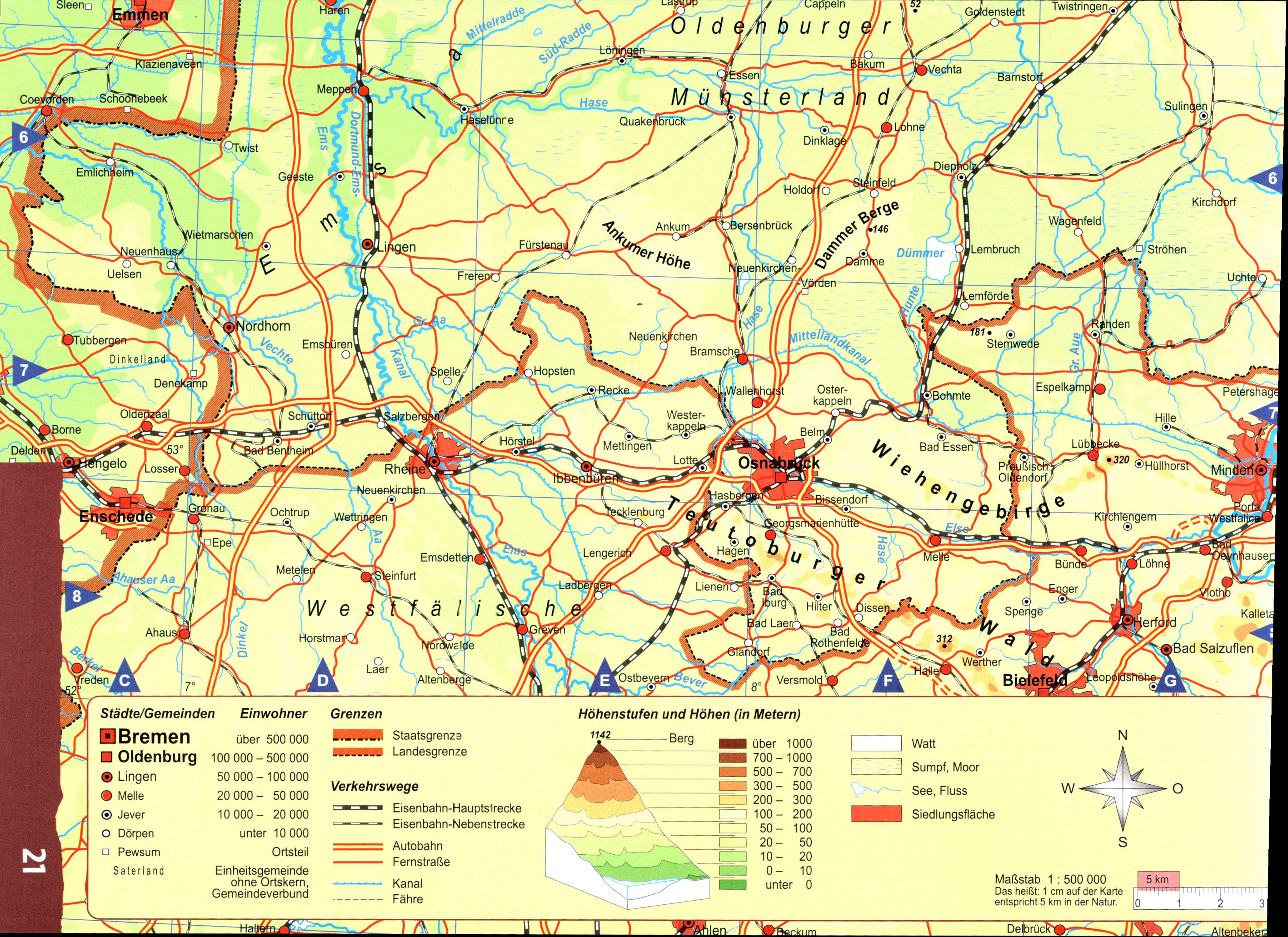

Oldenburger Münsterland
Emsland
Westfälische
Teutoburger Wald
Wiehengebirge
Ankumer Höhe
Dammer Berge
146
Dümmer
Emmen
Sleen
Klazienaveen
Coevorden
Schoonebeek
Emlichheim
Twist
Haren
Meppen
Haselünne
Löningen
Lastrup
Cappeln
Essen
Quakenbrück
Bakum
Vechta
Goldenstedt
Twistringen
Barnstorf
Sulingen
Lohne
Dinklage
Diepholz
Steinfeld
Holdorf
Kirchdorf
Wagenfeld
Ströhen
Uchte
Lembruch
Damme
Bersenbrück
Ankum
Fürstenau
Lingen
Geeste
Wietmarschen
Neuenhaus
Uelsen
Nordhorn
Tubbergen
Dinkelland
Denekamp
Oldenzaal
Borne
Delden
Hengelo
Losser
Enschede
Gronau
Epe
Ochtrup
Metelen
Ahaus
Vreden
Emsbüren
Freren
Neuenkirchen
Vörden
Lemförde
Stemwede
181
Rahden
Bramsche
Wallenhorst
Ostercappeln
Bohmte
Espelkamp
Petershagen
Hille
Lübbecke
320
Hüllhorst
Minden
Porta Westfalica
Preußisch Oldendorf
Bad Essen
Belm
Osnabrück
Bissendorf
Hasbergen
Georgsmarienhütte
Hagen
Lotte
Westerkappeln
Mettingen
Recke
Hopsten
Spelle
Schüttorf
Salzbergen
Bad Bentheim
Rheine
Hörstel
Ibbenbüren
Tecklenburg
Lengerich
Lienen
Bad Iburg
Hilter
Dissen
Bad Laer
Bad Rothenfelde
Glandorf
Versmold
Halle
Werther
312
Bielefeld
Leopoldshöhe
Bad Salzuflen
Herford
Enger
Spenge
Bünde
Melle
Kirchlengern
Löhne
Bad Oeynhausen
Vlotho
Kalletal
Neuenkirchen
Wettringen
Steinfurt
Emsdetten
Ladbergen
Greven
Nordwalde
Altenberge
Laer
Horstmar
Ostbevern
Haltern
Ahlen
Beckum
Delbrück
Altenbeken
Ems
Hase
Vechte
Dinkel
Berkel
Ahauser Aa
Aa
Gr. Aa
Else
Hunte
Gr. Aue
Bever
Mittelradde
Süd-Radde
Dortmund-Ems-Kanal
Mittellandkanal
52°
53°
7°
8°
C
D
E
F
G
6
7
8
Städte/Gemeinden
Einwohner
Bremen über 500 000
Oldenburg 100 000 – 500 000
Lingen 50 000 – 100 000
Melle 20 000 – 50 000
Jever 10 000 – 20 000
Dörpen unter 10 000
Pewsum Ortsteil
Saterland Einheitsgemeinde ohne Ortskern, Gemeindeverbund
Grenzen
Staatsgrenze
Landesgrenze
Verkehrswege
Eisenbahn-Hauptstrecke
Eisenbahn-Nebenstrecke
Autobahn
Fernstraße
Kanal
Fähre
Höhenstufen und Höhen (in Metern)
1142
Berg
über 1000
700 – 1000
500 – 700
300 – 500
200 – 300
100 – 200
50 – 100
20 – 50
10 – 20
0 – 10
unter 0
Watt
Sumpf, Moor
See, Fluss
Siedlungsfläche
N
O
S
W
Maßstab 1 : 500 000
Das heißt: 1 cm auf der Karte entspricht 5 km in der Natur.
5 km
0 1 2 3

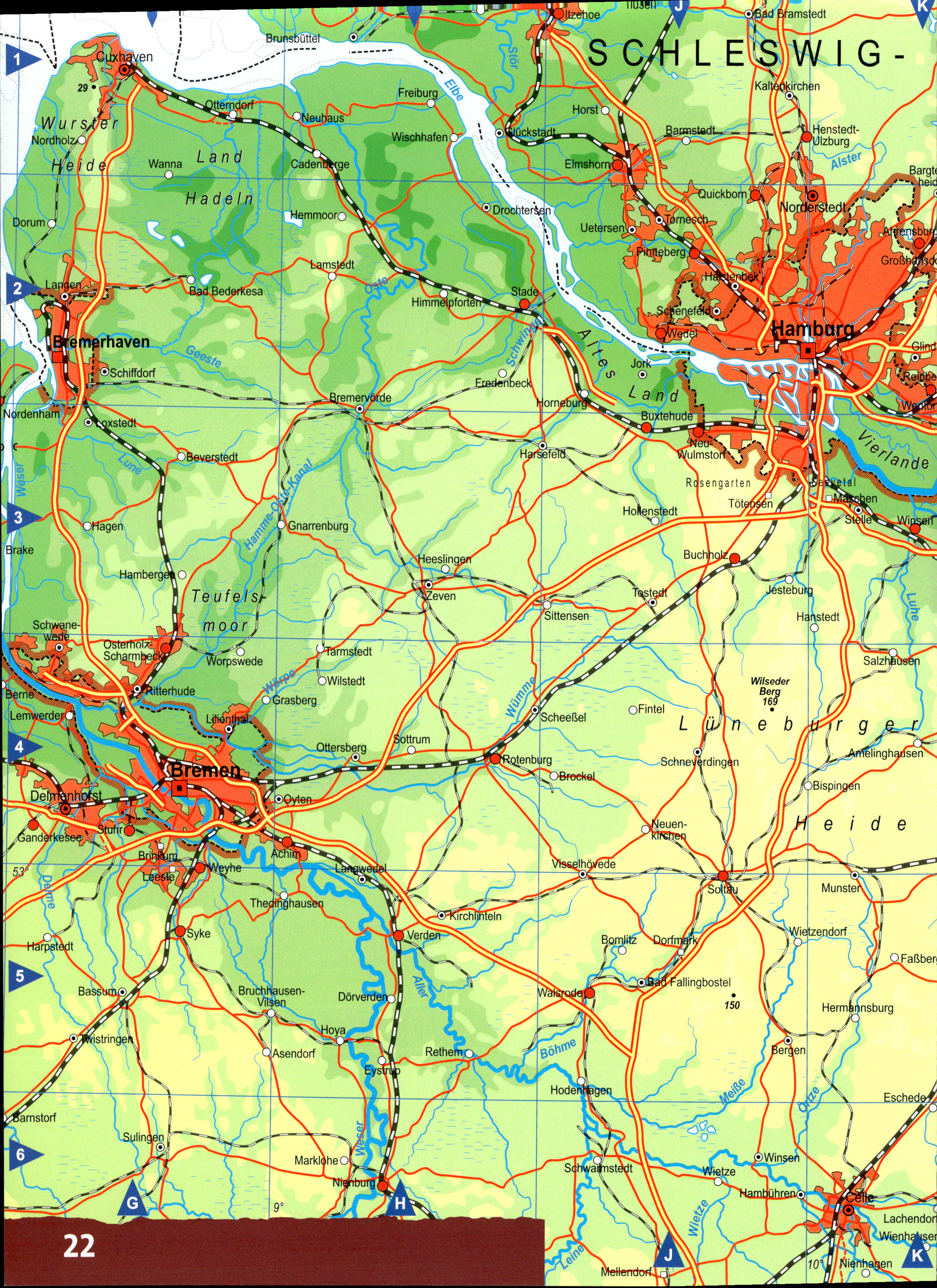

SCHLESWIG-
Itzehoe
Bad Bramstedt
Brunsbüttel
Cuxhaven
29
Wurster
Nordholz
Heide
Otterndorf
Neuhaus
Freiburg
Elbe
Stör
Glückstadt
Wischhafen
Land
Hadeln
Wanna
Cadenberge
Horst
Kaltenkirchen
Barmstedt
Henstedt-Ulzburg
Elmshorn
Alster
Quickborn
Norderstedt
Dorum
Hemmoor
Drochtersen
Uetersen
Tornesch
Pinneberg
Halstenbek
Schenefeld
Wedel
Hamburg
Lamstedt
Langen
Bad Bederkesa
Oste
Himmelpforten
Stade
Schwinge
Altes
Land
Bremerhaven
Geeste
Schiffdorf
Fredenbeck
Jork
Horneburg
Buxtehude
Neu Wulmstorf
Vierlande
Bremervörde
Nordenham
Loxstedt
Beverstedt
Lune
Weser
Harsefeld
Rosengarten
Seevetal
Maschen
Tötensen
Stelle
Winsen
Hollenstedt
Hagen
Gnarrenburg
Hamme-Oste-Kanal
Brake
Heeslingen
Buchholz
Hamberge
Zeven
Tostedt
Jesteburg
Teufels-
moor
Sittensen
Hanstedt
Luhe
Schwanewede
Osterholz-Scharmbeck
Worpswede
Tarmstedt
Salzhausen
Ritterhude
Wilstedt
Wilseder Berg
169
Berne
Grasberg
Wörpe
Wümme
Scheeßel
Fintel
Lemwerder
Lilienthal
Lüneburger
Heide
Ottersberg
Sottrum
Schneverdingen
Amelinghausen
Bremen
Rotenburg
Brockel
Bispingen
Delmenhorst
Oyten
Ganderkesee
Stuhr
Achim
Neuenkirchen
Brinkum
Leeste
Weyhe
Langwedel
Visselhövede
Soltau
Munster
53°
Delme
Thedinghausen
Kirchlinteln
Syke
Verden
Bomlitz
Dorfmark
Wietzendorf
Harpstedt
Faßberg
Bassum
Bruchhausen-Vilsen
Dörverden
Aller
Walsrode
Bad Fallingbostel
150
Hermannsburg
Twistringen
Hoya
Asendorf
Rethem
Böhme
Bergen
Eystrup
Hodenhagen
Meiße
Örtze
Eschede
Barnstorf
Sulingen
Winsen
Marklohe
Schwarmstedt
Wietze
Hambühren
Celle
Nienburg
Lachendorf
Wienhausen
9°
Leine
Wietze
Mellendorf
10°
Nienhagen
Ahrensburg
Großhansdorf
Glinde
Reinbek
Wentorf
Bargteheide
Tüsen
1
2
3
4
5
6
G
H
J
K

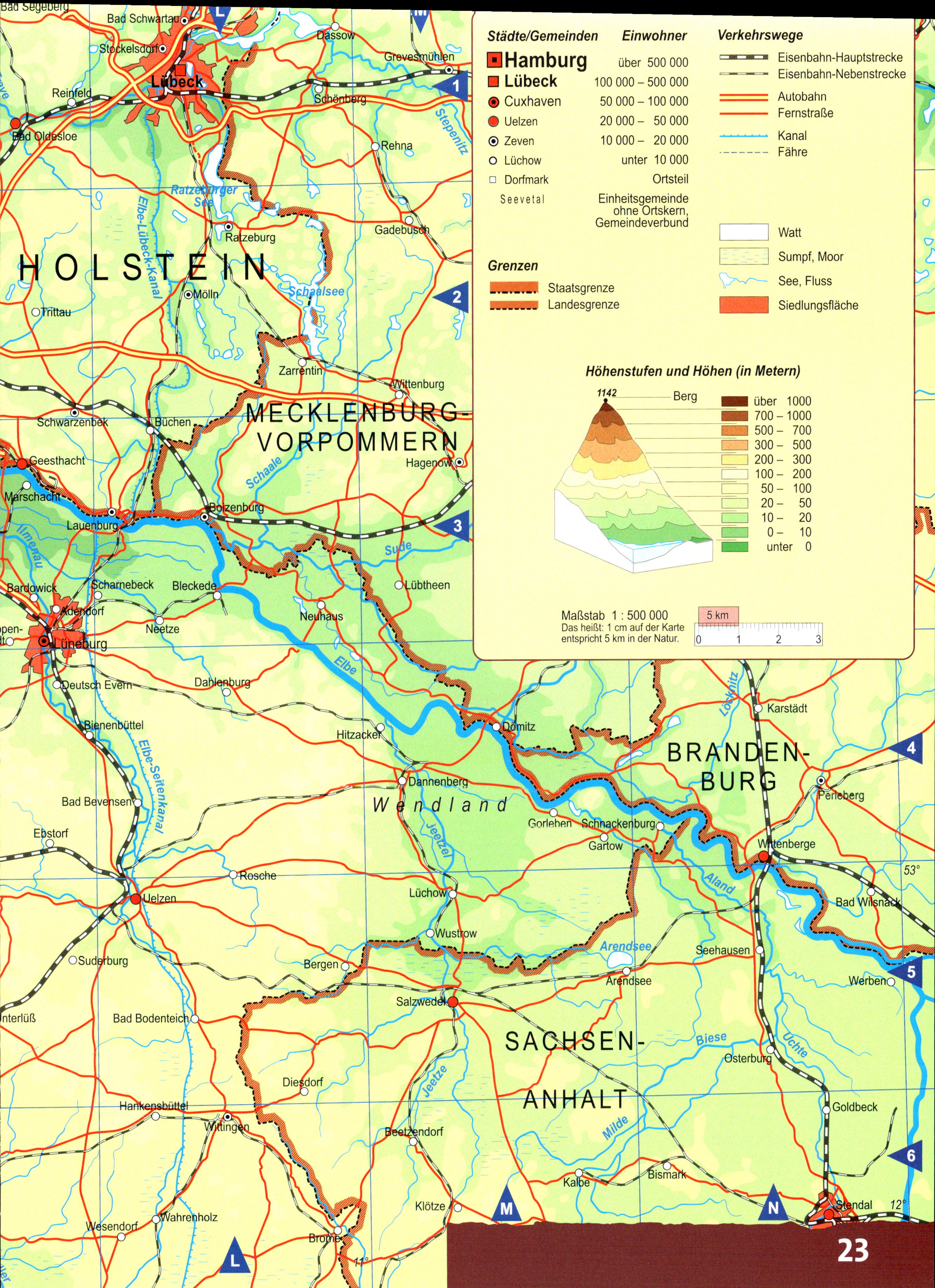
Städte/Gemeinden
Einwohner
Hamburg
über 500 000
Lübeck
100 000 – 500 000
Cuxhaven
50 000 – 100 000
Uelzen
20 000 – 50 000
Zeven
10 000 – 20 000
Lüchow
unter 10 000
Dorfmark
Ortsteil
Seevetal
Einheitsgemeinde ohne Ortskern, Gemeindeverbund
Verkehrswege
Eisenbahn-Hauptstrecke
Eisenbahn-Nebenstrecke
Autobahn
Fernstraße
Kanal
Fähre
Watt
Sumpf, Moor
See, Fluss
Siedlungsfläche
Grenzen
Staatsgrenze
Landesgrenze
Höhenstufen und Höhen (in Metern)
1142
Berg
über 1000
700 – 1000
500 – 700
300 – 500
200 – 300
100 – 200
50 – 100
20 – 50
10 – 20
0 – 10
unter 0
Maßstab 1 : 500 000
Das heißt: 1 cm auf der Karte entspricht 5 km in der Natur.
5 km
0 1 2 3
HOLSTEIN
MECKLENBURG-VORPOMMERN
BRANDENBURG
SACHSEN-ANHALT
Wendland
Bad Segeberg
Bad Schwartau
Stockelsdorf
Lübeck
Dassow
Grevesmühlen
Reinfeld
Schönberg
Bad Oldesloe
Rehna
Stepenitz
Ratzeburger See
Elbe-Lübeck-Kanal
Ratzeburg
Gadebusch
Mölln
Schaalsee
Trittau
Zarrentin
Wittenburg
Schwarzenbek
Büchen
Hagenow
Schaale
Geesthacht
Marschacht
Boizenburg
Lauenburg
Ilmenau
Sude
Bardowick
Scharnebeck
Bleckede
Lübtheen
Adendorf
Neetze
Neuhaus
Lüneburg
Elbe
Deutsch Evern
Dahlenburg
Bienenbüttel
Elbe-Seitenkanal
Hitzacker
Dömitz
Löcknitz
Karstädt
Dannenberg
Perleberg
Bad Bevensen
Gorleben
Schnackenburg
Gartow
Jeetzel
Ebstorf
Wittenberge
Aland
Rosche
Uelzen
Lüchow
Bad Wilsnack
Wustrow
Arendsee
Seehausen
Suderburg
Bergen
Werben
Salzwedel
Unterlüß
Bad Bodenteich
Biese
Osterburg
Uchte
Diesdorf
Jeetze
Goldbeck
Hankensbüttel
Wittingen
Beetzendorf
Milde
Kalbe
Bismark
Klötze
Stendal
Wesendorf
Wahrenholz
Brome
1
2
3
4
5
6
L
M
N
53°
11°
12°

Fremdenverkehr an der Küste und auf den Inseln

Die Nordseeküste ist ein beliebtes Erholungs- und Urlaubsgebiet. Das ganze Jahr hindurch kommen Urlauber in die Badeorte an der Küste und auf die Ostfriesischen Inseln. Die Menschen genießen die breiten Strände, die gute Luft und das salzhaltige Wasser. Fast alle Menschen auf dem Festland und auf den Inseln leben vom Fremdenverkehr. Die beliebten Sandstrände sind nur auf den Inseln zu finden. Überall an der Festlandküste liegen die Urlauber im Gras der Deiche. Der Grünstrand ist ein Markenzeichen der Nordseeküste.

Nordseebad Burhave

1 Nennt die Namen der Inseln.

2 Findet mit Hilfe der Symbole oben in der Karte heraus, welche Freizeitangebote es dort gibt.

Um die Zahl der Feriengäste weiter zu steigern, werden neue Badelandschaften und Freizeiteinrichtungen gebaut. Im Nordseebad Burhave entstand eine vollkommen neue Strand- und Badelandschaft, die „Nordseelagune". Sie bietet einen Strand- und Spielbereich, einen Wattensteg, eine Stranderlebnispromenade, eine Aussichtsplattform auf dem Deich und einen Meerwasser-Badesee. Hier kann man unabhängig von den Gezeiten im Wasser der Nordsee baden. Bevor das Nordseewasser in die Lagune läuft, wird es in einer Aufbereitungsanlage gereinigt. Vielfältige Veranstaltungen sollen das ganze Jahr hindurch zahlreiche Gäste anlocken.

Nordseelagune: Das blaue Wunder an der Nordsee

An der Nordseeküste gibt es zahlreiche Sielhäfen. Sie haben über Jahrhunderte für die Seeschifffahrt eine große Rolle gespielt. Segelschiffe brachten einen großen Teil der Getreideernte nach Hamburg, Bremen und sogar bis nach England. Mit dem Bau von Eisenbahnstrecken und Straßen war die Zeit der Sielschifffahrt beendet. Die Sielhäfen dienen heute dem Fährverkehr zu den Inseln, dem Fremdenverkehr und der Küstenfischerei.

Fährschiffe bringen die Urlauber von den Sielhäfen an der Küste zu den Inseln. Von Neuharlingersiel kann man in 45 Minuten die Insel Spiekeroog erreichen. Der Fahrplan des Schiffes ändert sich täglich. Das liegt an Ebbe und Flut, die sich jeden Tag zeitlich verschieben.

Neuharlingersiel

Strandleben

Dünenschutz

Auf Spiekeroog ist kein Autoverkehr erlaubt. Die Fahrzeuge müssen für die Dauer des Urlaubs auf dem Parkplatz am Hafen von Neuharlingersiel abgestellt werden. Das Gepäck wird in Containern verstaut und auf der Insel mit dem Bollerwagen oder mit dem Elektrokarren transportiert. Die Urlauber gehen zu Fuß oder nehmen das Fahrrad. Außerdem gibt es die Möglichkeit zu reiten oder mit der Kutsche zu fahren. Bei schlechtem Wetter kann man unter anderem das Meerwasserwellenbad, das Inselmuseum, das Muschelmuseum oder die Museumspferdebahn besuchen. Jedes Jahr bringt die Kurverwaltung einen abwechslungsreichen Veranstaltungskalender heraus, der viele interessante Aktionen anbietet.

Auf jeder der Ostfriesischen Inseln gibt es ausgedehnte Dünenlandschaften. Dünen sind vom Wind zusammengewehte Sandberge, die bis zu 20 Meter hoch werden können. Sie bieten für die Inseln und ihre Bewohner einen wichtigen Schutz vor dem Wind und vor der Brandung. Aber die Dünen sind gefährdet. Der Wind weht ständig und wirbelt den feinen Sand auf. Dabei legt er die Wurzeln der Pflanzen frei, die die Dünen befestigen. Die Dünen würden von Wind und Wellen abgetragen werden, wenn im Frühjahr und Herbst die kahlen Stellen nicht in mühsamer Handarbeit wieder neu bepflanzt würden, z. B. mit Strandhafer.

SPEZIAL

Ebbe und Flut

Der Wasserspiegel der Nordsee hebt und senkt sich Tag für Tag. Das Wasser bewegt sich in einem ständigen Wechsel auf die Küste zu und wieder von ihr weg. Das auflaufende und steigende Wasser heißt Flut, das ablaufende und fallende Wasser nennt man Ebbe. Ebbe und Flut sind die Gezeiten, oder plattdeutsch Tiden. Der höchste Wasserstand heißt Hochwasser, der niedrigste Niedrigwasser. Der Unterschied zwischen Hochwasser und Niedrigwasser ist der Tidenhub. Eine Ebbe und eine Flut dauern genau 12 Stunden und 25 Minuten. Deswegen verschieben sich die Gezeiten täglich um 50 Minuten. Die Ursache für die Veränderung des Wasserspiegels sind die Anziehungskräfte des Mondes. Der Mond braucht 24 Stunden und 50 Minuten für einen Umlauf um die Erde. In dieser Zeit hebt und senkt sich der Wasserspiegel zweimal.

Bei ablaufendem Wasser zu schwimmen ist gefährlich. Der Ebbstrom kann Schwimmer ins offene Meer ziehen. Die Badezeiten an der Nordsee werden deshalb täglich in einem Badekalender vorgeschrieben und müssen unbedingt eingehalten werden. Baden darf man bis etwa eine Stunde vor Einsetzen des Hochwassers. Feriengäste und Fischer müssen ihren Tagesablauf dem ständigen Wechsel von Ebbe und Flut anpassen.

1 Beschreibt den Wechsel von Ebbe und Flut.

2 Erklärt, warum nur zu den vorgeschriebenen Zeiten in der Nordsee gebadet werden darf.

Niedrigwasser

Hochwasser

Schiffstypen auf der Nordsee

Seebäderschiff

Fähre

Ausflugsschiff

Katamaran

In den Häfen sieht man viele verschiedene Schiffstypen. Mit Ausflugsschiffen kann man Fahrten auf dem Wasser unternehmen oder zu den Inseln gelangen. Seebäderschiffe sind Schiffe, die Personen transportieren. Sie haben meistens mehrere Decks mit großen Salons. Von Wilhelmshaven, Emden und anderen Nordseehäfen aus nehmen Seebäderschiffe Kurs auf die Hochseeinsel Helgoland. Es gibt aber auch die sehr viel schnelleren Katamarane. Ein Katamaran ist ein Schiff mit zwei Rümpfen, die fest durch ein Deck miteinander verbunden sind. Sie sind sehr breit und liegen dadurch stabil auf dem Wasser. Mit dem „Helgoland-Katamaran" kann man sehr schnell und komfortabel von Cuxhaven nach Helgoland gelangen.

Eine Fähre transportiert Personen und Fahrzeuge. Von Emden aus kann man mit der Fähre Borkum erreichen.

Es gibt auch viele Handelsschiffe, die auf See unterwegs sind. Containerschiffe transportieren jährlich viele Millionen Container mit unterschiedlichen Waren rund um die Welt, zum Beispiel frisches Obst, Autos oder Computer. Laufend werden neue, größere Containerschiffe entwickelt. Diese über 300 m langen Transportschiffe verändern das Aussehen der Häfen. Die Hafenbecken müssen vergrößert und vertieft werden, um die Ozeanriesen aufnehmen zu können.

Die Containerschiffe liegen nur für kurze Zeit in den Häfen. Das Laden und Löschen erfolgt sehr schnell. Schon laufen die Schiffe wieder aus, um den nächsten Hafen pünktlich nach Plan zu erreichen.

Ein Container ist eine Stahlkiste, in der eine Ladung sicher verstaut und transportiert werden kann. Er bietet viel Platz und ist für den Transport auf Straße, Schiene und auf See geeignet. Die neuesten Containerschiffe können bis zu 8500 Container aufnehmen. 17 Stück können übereinander gestapelt werden, sodass haushohe Türme aus Stahl entstehen.

Ein Tanker ist ein Schiff zum Transport von flüssigen Stoffen, beispielsweise Öl, Kraftstoffe oder Flüssiggas. Um die Gefahr des Auslaufens von Erdöl bei Schiffsunglücken zu verringern, wurde beschlossen, dass nur noch Zwei-Hüllen-Tanker gebaut werden dürfen. Diese haben eine doppelte Außenhülle und bieten eine größere Sicherheit bei Lecks in der Bordwand.

1 Wo gibt es an der Nordsee Fährhäfen?
Nehmt die Karte auf Seite 24 zu Hilfe.

2 Findet mithilfe des Ortsregisters die Insel Helgoland.

Container

Tanker

Häfen an der Nordseeküste

Der Hafen Emden

Der Hafen Emden ist ein Seehafen an der Mündung der Ems in die Nordsee. Er ist der westlichste deutsche Seehafen und der drittgrößte deutsche Nordseehafen.
Die Hafenanlagen gliedern sich in den Außenhafen und den gezeitenunabhängigen Binnenhafen, der durch zwei Seeschleusen erreichbar ist. Emden ist der drittgrößte Autoverladehafen Europas. Die neuen Autos fahren vom VW-Werk direkt auf die großen Ro-ro-Schiffe (Roll on-roll off), die sie beispielsweise bis nach Amerika oder Japan bringen. Von Emden gibt es auch eine Fährverbindung nach Borkum.

Hafen Emden

Der Hafen Wilhelmshaven

Der Hafen Wilhelmshaven liegt an der Nordwestküste des Jadebusens, einer großen Meeresbucht an der Nordsee. Hier befindet sich mit einer Fahrwassertiefe von 20 Metern der einzige Tiefwasserhafen Deutschlands. Es ist der bedeutendste Erdölumschlaghafen des Landes. Von hier verlaufen Ölpipelines nach Hamburg und ins Ruhrgebiet. Viele Industriebetriebe z. B. Ölraffinerien haben sich hier angesiedelt.
Beim Hafen Wilhelmshaven unterscheidet man zwischen dem inneren und dem äußeren Hafen. Der innere Hafen ist über eine Seeschleuse erreichbar. Die Hafenteile, die für den Güterumschlag genutzt werden, sind an das Schienennetz angebunden.
Ein sehr wichtiges Hafenprojekt ist der Bau des Jade Weser Ports. Dieses ist ein neuer Tiefwasserhafen für die weltgrößten Containerschiffe, die aufgrund ihres Tiefgangs die Häfen an der Weser und Elbe nicht anlaufen können. Die ersten Schiffe sollen 2010 den Hafen anlaufen.
Wilhelmshaven ist ein wichtiger Stützpunkt der Bundesmarine.

Hafen Wilhelmshaven

Der Hafen Cuxhaven

Der Hafen Cuxhaven entstand am nördlichsten Punkt des Landes Niedersachsen an der Mündung der Elbe in die Nordsee. Cuxhaven liegt gegenüber der westlichen Einfahrt zum Nord-Ostsee-Kanal, der meistbefahrenen Schifffahrtsstraße der Welt. Damit ist der Hafen Ausgangspunkt für den Seeverkehr nach Großbritannien, Skandinavien und zu den anderen Ostseestaaten.
Cuxhaven ist mit 600 000 Fahrgästen pro Jahr der größte Passagierschiffhafen an der deutschen Nordseeküste. Das tiefe Fahrwasser erlaubt auch großen Schiffen das Einlaufen in den Hafen. Der Hafen hat eine gute Verkehrsanbindung an das Hinterland über Autobahn, Eisenbahn und Elb-Fährverbindung. Außerdem ist Cuxhaven der zweitgrößte Fischereihafen und der größte Standort der Fisch verarbeitenden Industrie in Deutschland.

Hafen Cuxhaven

3 Lest die Texte auf Seite 27. Vergleicht die drei Häfen.
Nennt Unterschiede.

Das Watt

Wattenmeer

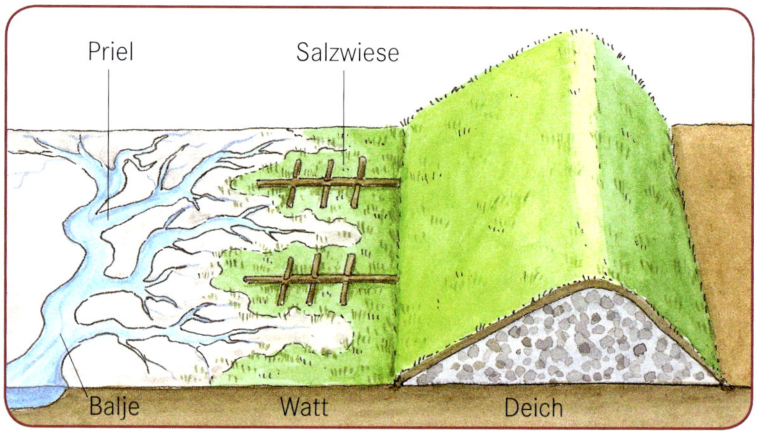

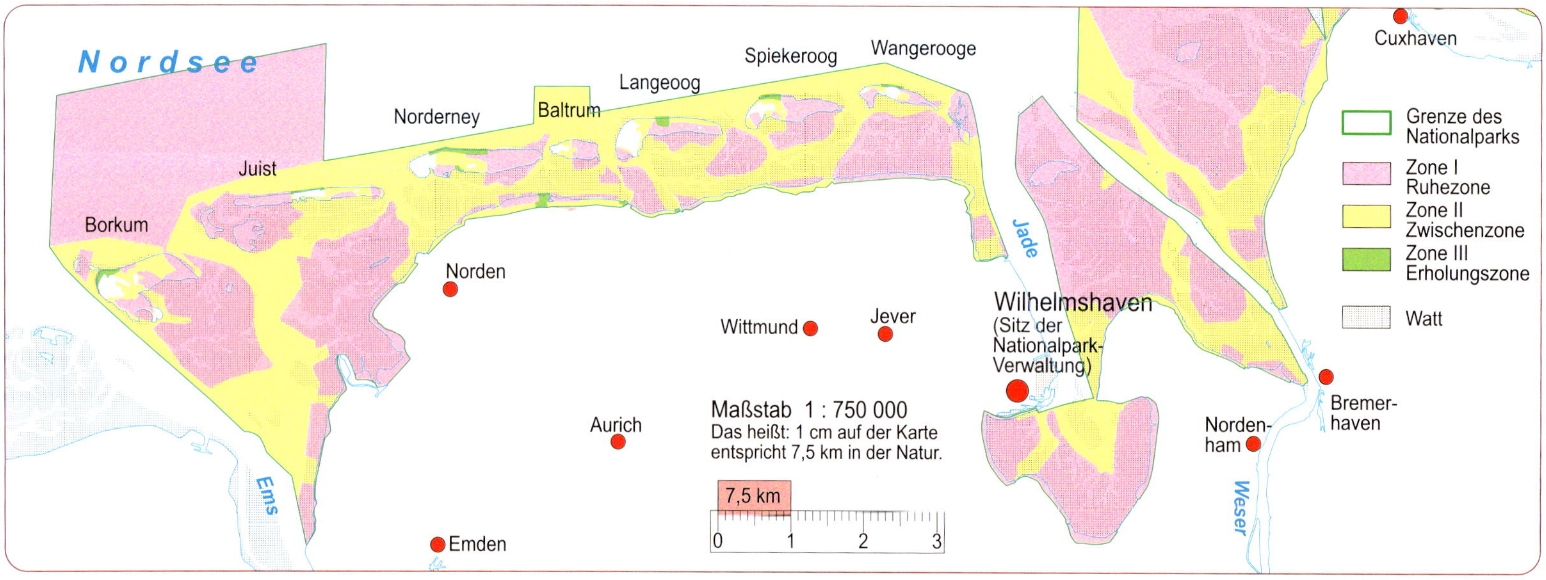

Austernfischer

Wattwurm

Muschel

Salzaster

Das Watt ist ein besonderer, einmaliger Lebensraum, der von Ebbe und Flut geschaffen wurde. Im Wechsel der Gezeiten fällt das Watt bei Ebbe regelmäßig trocken und wird dann vom auflaufenden Meerwasser wieder überflutet. Das zum Meer hin leicht abfallende Land lässt sich in drei Bereiche unterteilen:

1. Die weiten Wattflächen, die bei Ebbe trocken fallen.
2. Die Priele und Baljen, die das abfließende Wasser in den Wattboden eingegraben hat.
3. Die höher gelegenen Salzwiesen, die nur selten überflutet werden.

Die Flut bringt tonige Schwebeteilchen, abgestorbene pflanzliche und tierische Teilchen und Feinsande in großen Mengen in das Watt. Der Ebbstrom ist schwächer als das auflaufende Wasser. Deshalb bleibt nach jeder Flut ein Teil der Sinkstoffe zurück. Diese bilden je nach Stärke der Strömung drei Wattformen, das Schlickwatt, das Sandwatt oder das Mischwatt.

Auf den ersten Blick erscheinen die weiten Wattflächen leblos. Tatsächlich leben hier etwa 800 Pflanzenarten und 2000 Tierarten. Um diesen einzigartigen Raum zu schützen, wurde er 1985 zum Nationalpark Wattenmeer erklärt.

Nationalparks dienen dem Schutz von Pflanzen und Tieren. Sie bewahren einen Lebensraum vor Eingriffen durch den Menschen. Bestimmte Zonen im Nationalpark werden der Natur überlassen, damit sie sich ungestört entwickeln können. Der Nationalpark Wattenmeer ist in drei Zonen aufgeteilt, für die unterschiedliche Bedingungen gelten. Die Gebiete, die den größten Schutz genießen, heißen Ruhezonen. Sie dürfen nicht betreten werden. Daneben gibt es noch die Erholungszone und die Zwischenzone, die mit Einschränkungen der Freizeit und Erholung dienen.

1 Beschreibt die drei Bereiche des Watts.

2 Begründet, warum das Watt zum Nationalpark erklärt wurde.

Die Tiere im Wattenmeer müssen mit extremen Bedingungen zurechtkommen. Sie sind angepasst an den ständig wechselnden Wasserstand, an die starke Strömung durch die Gezeiten und an die hohen Temperaturunterschiede. Freie Wattflächen werden im Sommer stark erwärmt und durch das auflaufende Wasser wieder abgekühlt.
Zu den im Boden lebenden Tieren gehören die Wattwürmer. Auf den Wattflächen sieht man häufig die geringelten Kothäufchen des Wattwurms, der Schlick frisst und Unverdauliches ausscheidet. Viele Fische nutzen das reiche Nahrungsangebot im Watt. Für Schollen, Seezungen, Heringe oder Sprotten ist das Wattenmeer die Kinderstube. Seehunde suchen die Sandbänke auf zum Ausruhen und Sonnen, zum Haarwechsel und zur Geburt und Aufzucht der Jungen.
Auch viele See- und Strandvögel finden hier reichlich Nahrung. Die Austernfischer und die Uferschnepfen können mit ihren langen Schnäbeln wie mit einer Pinzette im Wattboden stochern und Muscheln und Würmer erbeuten. Das Watt ist für viele Watvögel, Enten und Gänse ein Lebensraum, der nicht zu ersetzen ist. Über fünf Millionen Zugvögel fressen sich im Watt die notwendigen Fettpolster für ihre langen anstrengenden Flüge an.
Rast- und Brutraum sind im Watt die höher gelegenen Salzwiesen, die nur selten vom Salzwasser überschwemmt werden. Man findet hier eine geschlossene Decke aus Pflanzen, die Salz ertragen können.
Große Vogelschwärme rasten hier, wenn das Watt überflutet ist.

3 An welche Bedingungen haben sich die Tiere und Pflanzen im Watt angepasst?

4 Wie entstehen Sandhäufchen des Wattwurms?

5 Warum ist das Watt für viele Vogelarten so wichtig?

Vogelschwärme im Watt

SPEZIAL

Gefährdung des Wattenmeeres

Das Wattenmeer ist Teil der Nordsee und kein abgeschlossenes Gebiet. Deswegen ist es stark gefährdet durch die Nordsee, die zunehmend unter Verschmutzung leidet. Die Flut treibt das verschmutzte Wasser ins Wattenmeer. Schadstoffe aus der Luft, den Flüssen und durch den Schiffsverkehr gelangen in großen Mengen in die Nordsee. Dadurch lagern sich Ölrückstände und Schadstoffe im Wattenmeer ab und können schlimme Folgen für die Tier- und Pflanzenwelt haben. Durch vielfältige Schutzmaßnahmen, z. B. Abwasserklärung oder Verbot von Gefahrguttransporten, wird versucht, das Watt zu schützen.
An der Nordsee werden immer mehr Windparks errichtet. Windräder verändern das Landschaftsbild und gefährden die Vögel.

6 Welche Gefahren bestehen für den Lebensraum Wattenmeer?

Die Marsch

Entwässerungsgraben in der Marsch

Schöpfwerk und altes Sieltor

1 Wattenmeer **2** Priel **3** Vorland mit Lahnungen und Grüppen **4** Lahnung **5** neuer Deich **6** Sieltor
7 Sielzug **8** neuer Koog **9** alter Deich (Schlafdeich) **10** Gräben **11** alter Koog **12** Wurt

Marsch heißt die Landschaft, die sich an das Watt anschließt. Früher lagerte das Meerwasser hier Sand und Schlick ab und der Boden erhöhte sich. Die Marsch wurde also vom Meer mitgestaltet. Sie liegt kaum höher, manchmal sogar tiefer als der Meeresspiegel. Aus diesem Grund muss die Marsch vor dem Meerwasser durch Deiche geschützt werden.
Kleine Flüsse und Bäche aus dem Binnenland und auch Regen bringen viel Wasser in die Marsch. Dieses Wasser muss ins Meer abgeleitet werden, um das Land zu entwässern. Deswegen durchziehen viele Gräben die Landschaft. An vielen Orten gab es Windmühlen, die die Aufgabe hatten das Land zu entwässern. Früher wurden Sieltore in die Deiche eingebaut, damit das Wasser ins Meer abfließen konnte. Gleichzeitig musste aber verhindert werden, dass salziges Meerwasser in die Marsch eindrang. Das wurde durch die Sieltore verhindert. Bei Ebbe öffneten sich die Tore selbsttätig durch den Druck des Wassers, das aus den Entwässerungsgräben ins Meer floss. Bei Flut schlossen sich die Sieltore durch den Druck des Meerwassers.
Die einfachen Sieltore wurden durch große Anlagen, die Schöpfwerke, ersetzt. Die neuen großen Sieltore werden mit Motorkraft geöffnet und geschlossen. Wenn das Wasser bei Flut und besonders bei Sturmflut nicht aus der Marsch abfließen kann, pumpen Schöpfwerke das Wasser in die Nordsee.

1 Wie schützen sich die Menschen in der Marsch vor dem Wasser von beiden Seiten?

2 Beschreibt, wie die alten Sieltore funktionierten.

3 Notiert mit Hilfe der Karte auf Seite 24 alle Orte, die auf -siel enden.

Schutz für die Marsch

Um das fruchtbare Land der Marschen zu nutzen und dort zu siedeln, mussten sich die Menschen vor dem eindringenden Wasser schützen. Zuerst schütteten sie die Erdhügel, die Wurten oder Warften auf. Auf diesen Hügeln errichteten sie Häuser und Ställe. Die Wiesen und Felder waren jedoch dem Wasser vor allem im Herbst und Winter und bei Sturmfluten weiterhin ausgesetzt.
Vor ungefähr 1000 Jahren begannen die Menschen, Deiche zu bauen. Dadurch wurden immer größere Teile der Marsch vor dem Meerwasser geschützt und konnten ständig genutzt werden.
Im Laufe der Jahrhunderte lernten die Menschen, immer bessere Deiche zu bauen. Da der Meeresspiegel langsam aber stetig anstieg, mussten die Deiche immer wieder erhöht werden. Die Menschen erkannten, dass eine sanft ansteigende Seeseite den Wellen die Kraft nimmt. Auch die Landseite fällt bei neuen Deichen sanft ab, sodass überschwappendes Wasser langsam abfließen kann und keine Löcher in den Deich schlägt und ihn aushöhlt. So wurde der Deichquerschnitt, das Deichprofil, im Laufe der Zeit stetig verbessert.
Bei einem Orkan an der Nordseeküste kann es zu einer Sturmflut kommen. Das Wasser kann bis zu sechs oder sieben Meter über den normalen Hochwasserspiegel ansteigen. An der Nordseeküste hat es immer wieder große Sturmfluten mit schweren Schäden gegeben. Bei der größten überlieferten Sturmflut im Jahre 1362 gab es mehr als 100 000 Tote. Im Jahre 1962 wurde Hamburg von einer schweren Sturmflut heimgesucht. Es starben 300 Menschen und 8000 Häuser wurden zerstört.

Haus auf einer Wurt

Deich bei Sturmflut

1 Vergleicht die Deichprofile.

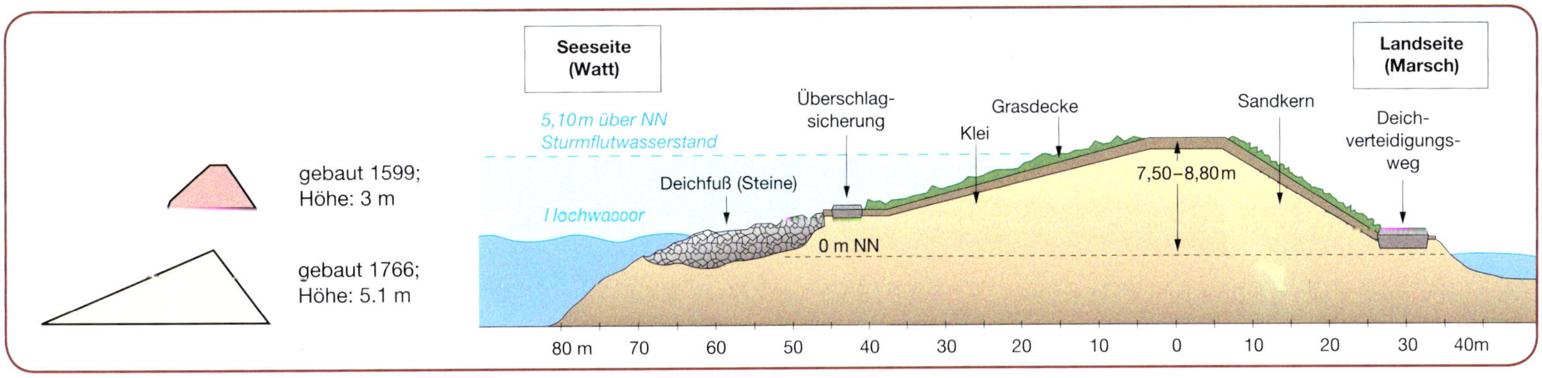

SPEZIAL

Aufspülen des Sandes

Küstenschutz auf Norderney
Durch den Klimawandel nehmen Stärke und Häufigkeit der Sturmfluten ständig zu. Das bedeutet nicht nur für die Deiche eine Gefahr, sondern auch für die Ufer der Inseln. Jede Sturmflut spült dort große Mengen Sand fort. Da man an diesen Stränden keine Deiche bauen kann, schützen meterhoch aufgespülte Sandpolster die Dünen und das Hinterland. Diese Sandpolster müssen ständig erneuert werden, da sie bei Sturmfluten immer wieder abgetragen werden. Nach den schweren Sturmfluten im Winter 2007 erfolgte eine neue Sandaufspülung auf der Nordseite der Insel Norderney. Auch die Strandpromenade am Nordweststrand wurde erhöht und verstärkt. Zur Sicherung und zum Wiederaufbau wurden die Dünen mit Strandhafer bepflanzt.

Die Lüneburger Heide

Blühendes Heidekraut

Heidschnucken

In der Zeit von Mitte Juli bis Mitte August blüht die Heide. Dann sehen die Flächen im Naturschutzpark Lüneburger Heide aus wie ein riesiger rosalila Teppich. Verstreut stehen einige Wacholder und Birken. Viele Menschen reisen in diesen Wochen dorthin, um die Heideblüte zu sehen.
Motorfahrzeuge dürfen im Naturschutzpark nur von den Parkangestellten benutzt werden. Die Besucher wandern durch die Heide, fahren mit dem Rad, reiten oder lassen sich in einer der vielen Pferdekutschen oder einem Planwagen über die sandigen Wege ziehen.

Manchmal sehen die Besucher einige der 2500 Heidschnucken, die tagaus, tagein über die Flächen ziehen. Sie halten die Heide kurz und fressen Jungbäume ab. So bleibt die Heidelandschaft erhalten und es breitet sich kein Wald aus.
Während der Heideblüte bringen viele Imker ihre Bienenstöcke dorthin. Die Bienen sammeln den Nektar aus den Heideblüten und tragen ihn in ihren Stock. Später wird der Honig vom Imker aus den Waben herausgeschleudert und in Eimer oder Gläser gefüllt. Heidehonig schmeckt vielen Menschen gut und ist deshalb sehr begehrt.

1 Nennt Städte, die am Rande der Lüneburger Heide liegen.

2 Findet die Lüneburger Heide auf der Karte Seite 22/23

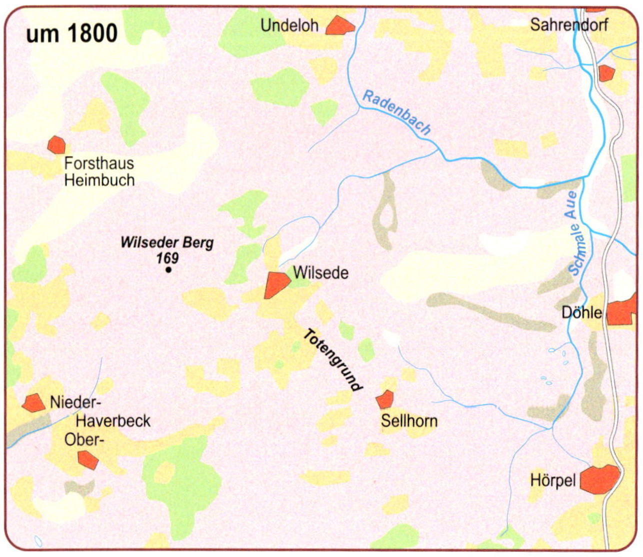

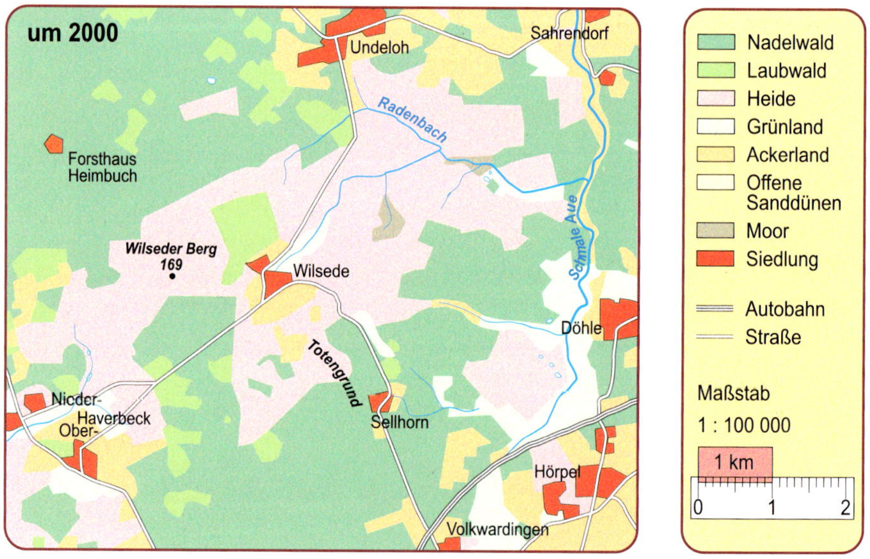

Der Raum der heutigen Lüneburger Heide ist eine von Menschen stark veränderte Landschaft. Vor 1000 Jahren gab es hier Eichen- und Buchenwälder. Sie wurden abgeholzt, um Baumaterial und Brennstoff zu gewinnen. Neue Bäume wuchsen nicht nach, weil die Heidschnucken die jungen Bäume fraßen. Die niedrigen Heidesträucher breiteten sich aus. Langsam entstand eine ausgedehnte Heidelandschaft.
Vor etwa 200 Jahren wurden große Heideflächen mit Bäumen aufgeforstet und die Beweidung beendet. Auf anderen Flächen wurde der Boden mit Dünger verbessert und landwirtschaftlich genutzt. In kurzer Zeit verschwanden große Heideflächen.

Sie wären sicher bis heute ganz verschwunden, wenn nicht vor mehr als 100 Jahren interessierte Menschen Heideflächen aufgekauft hätten. Seit 1920 werden sie vom Verein „Naturschutzpark Lüneburger Heide“ gepflegt und erhalten.
Ranger auf Fahrrädern und Polizisten zu Pferde achten darauf, dass Hunde an der Leine geführt werden, Besucher auf den Wegen bleiben, niemand raucht oder Feuer macht und keine Pflanzen gepflückt werden.

3 Vergleicht die Karten miteinander und berichtet, wie sich die Landschaft in nur 200 Jahren verändert hat.

Kiefernwald

Forstwirt beim Fällen

Die Lüneburger Heide ist eines der größten Waldgebiete Deutschlands. Auf dem sandigen Boden pflanzte man vor 200 Jahren hauptsächlich Kiefern an. Sie wuchsen schnell und konnten früh gefällt und verkauft werden. Auch heute gibt es noch viele große Kiefernwälder in der Lüneburger Heide. Das Fällen der Bäume führen Forstwirte aus. Sie benutzen besonderes Werkzeug für ihre Arbeit. Um Unfälle zu vermeiden, tragen sie Schutzkleidung: z. B. einen besonderen Helm, eine Schnittschutzhose und Handschuhe. Außer dem Fällen der Bäume gibt es viele andere Arbeiten, die Forstwirte im Wald erledigen, z. B. das Pflanzen junger Bäume.
Wenn in einem Waldgebiet viele Bäume gefällt werden müssen, setzt man heute oft einen Vollernter ein. Diese Maschinen können in einem Arbeitsgang den Baum fällen, ihn aus dem Wald herausziehen, die Äste

Vollernter

abtrennen, den Stamm in vorgegebene Längen schneiden und diese am Waldweg zum Abtransport ablegen. Der Vollernter wird nur von einer Person bedient.
Große Baumstämme werden unzerteilt zu Sägewerken transportiert und dort zu Bau- und Möbelholz geschnitten. In Papierfabriken wird minderwertiges Holz zu Pappe und Papier verarbeitet.

1. Überlegt, warum das Tragen der Schutzkleidung für die Forstwirte wichtig ist.

2. In eurer Wohnung/eurem Haus findet ihr viele Gegenstände aus Holz. Schreibt sie auf.

3. In welchen Berufen wird mit Holz gearbeitet?

Bauernhaus unter Eichen

Außerhalb des Naturschutzparks gibt es viele Dörfer. Dort findet man große Bauernhöfe unter alten Eichen, umgeben von einer Mauer aus Findlingen. Schilder an den Höfen laden ein zu „Ferien auf dem Bauernhof" oder „Reiterferien". Nicht selten begegnet man Gruppen von Kindern, die auf Ponys ausreiten.

4. Vermutet, warum viele Familien mit Kindern ihren Urlaub auf dem Bauernhof verbringen.

Geflügel füttern

Reiten

Auf den Feldern sieht man, was heute in der Lüneburger Heide angebaut wird: Spargel, Raps, Roggen, Mais, Futterrüben und Kartoffeln. Oft werden in den Hofeinfahrten Obst, Gemüse und vor allem die Heidekartoffeln zum Verkauf angeboten.

Spargelanbau

Lüneburg

Giebel in Lüneburg

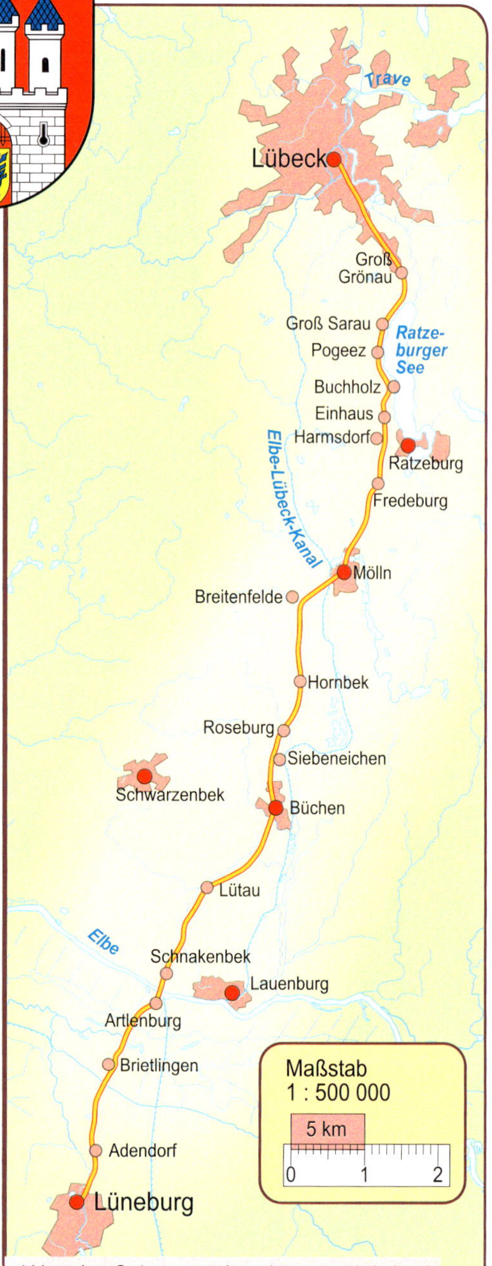

Weg des Salzes von Lüneburg nach Lübeck

Mehr als 1000 Jahre wurde in Lüneburg Salz hergestellt. 956 wurden die Stadt und die Saline in einer Urkunde erstmals erwähnt. Salz, das weiße Gold, war lebenswichtig. Es schützte vor Fäulnis und war deshalb früher das einzige Mittel, um Fleisch, Wurst, Fisch, Gemüse, Butter, Käse und Eier haltbar zu machen.

Lüneburger Salz wurde aus Salzwasser, der Sole, hergestellt. Sole wurde vom Sod, dem Brunnen, durch hölzerne Rinnen in die Siedehäuser geleitet. Unter den Bleipfannen brannte in den Lehmöfen Tag und Nacht ein Feuer, das die Sole erhitzte und das Wasser verdampfen ließ. Übrig blieb das Salz.

Alle vier Wochen mussten die Pfannen ersetzt werden, weil sie durchgebrannt waren. Das Feuerholz holte man aus der Umgebung von Lüneburg und aus dem Lauenburger- und Mecklenburger Land.

Sülfmeister hatten die Pfannen in den Siedehäusern gepachtet. Sie verdienten viel Geld mit dem Salzhandel und hatten großen Einfluss in der Stadt als Ratsherren oder sogar Bürgermeister. Das Salz ließen sie in Fässern und Säcken mit Pferden oder Eseln in die Speicher bringen und später auf Planwagen oder Ewer, kleine Holzschiffe, verladen. Auf dem Wasserweg gelangte das Salz über Flüsse und Kanäle nach Lübeck und von dort über die Ostsee bis nach Skandinavien, England und Russland.

Bei einem Besuch in Lüneburg fallen die prächtigen Giebel der Häuser auf, die man besonders in der Straße „Am Sande“ bewundern kann. Sie zeigen noch heute den früheren Reichtum der Lüneburger Bürger.

Niemand wusste, dass das Salz die Menschen auch krank machte. Das Salz war sehr bleihaltig, weil sich beim Sieden ein Teil des Bleis der Pfannen mit dem Salz verband. Es gab auch keine hohen Schornsteine, sodass die Schadstoffe, die beim Erhitzen entstanden, eingeatmet wurden.

SPEZIAL

Die Sage von der Lüneburger Salzsau

Vor mehr als tausend Jahren verfolgten Jäger in den Wäldern nahe der heutigen Stadt Lüneburg eine Wildsau. Die Sau konnte ihnen entkommen. Aber die Jäger gaben nicht auf. Bei ihrer Suche fanden sie die Sau - von der Sonne beschienen, schlafend neben einer Suhle.

Die Jäger waren erstaunt, denn die Sau war nicht mehr grau-schwarz wie bisher, sondern größtenteils weiß. Sie töteten die Sau und kamen dieser Veränderung auf die Spur. Sie entdeckten viele Salzkörner zwischen den Borsten. Die Sau hatte die Jäger an eine Stelle geführt, an der salzhaltiges Wasser, die Sole, aus der Erde quoll. Das Wasser war verdunstet und das Salz auf dem Körper zurückgeblieben. Es ließ die Sau weiß aussehen.

Im Rathaus der Stadt Lüneburg wird heute noch der Knochen einer Sau in einem Glaskasten gezeigt als Dank für die Entdeckung des Salzvorkommens und zur Erinnerung an die Sage.

Jäger betrachten tote Salzsau

Das Wendland

Rundling Lübeln

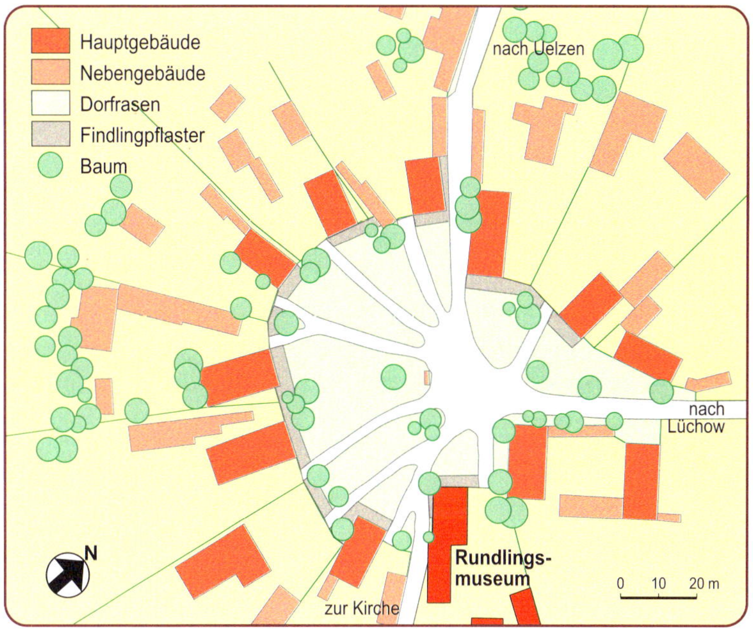

Der am weitesten nach Osten reichende Teil von Niedersachsen ist das Wendland. Es erhielt seinen Namen von einem slawischen Volksstamm, den Wenden. Sie waren vor mehr als 1200 Jahren in dieses Gebiet eingewandert. Es wird berichtet, dass die Wenden fleißig, fröhlich, hilfsbereit und wohltätig gegen Arme waren. Sie brachten ihre Kultur, Religion und Sprache mit.

Die wendische Sprache spricht seit 200 Jahren niemand mehr im Wendland. Ein Pastor schrieb um 1700: „Wenn die Teutschen einen hören Wendisch sprechen, haben sie mit Fingern auf ihn gewiesen und Spott mit ihm getrieben."

Nur die uns fremd klingenden Ortsnamen wie Dickfeitzen, Gohlefanz, Thunpadel, Meußließen oder Kukate erinnern noch heute an die Wenden. Heimatforscher kennen die Bedeutung der Namen. Kukate ist das slawische Wort für „Hahn".

Das Wendland ist immer noch dünn besiedelt. Es gibt hier kaum Industrie oder Großbetriebe. Viele Touristen erholen sich in den großen Misch- und Nadelwäldern. Sie besichtigen eine besondere Dorfform, die es vor allem hier zu sehen gibt: den Rundling. In einem Rundling stehen sechs bis zehn Bauernhäuser dicht um einen fast runden Dorfplatz, der nur eine Zufahrt zur Straße hat, die außerhalb des Dorfes vorbeiführt. Das Haus des Dorfschulzen (Bürgermeister) steht gegenüber der Zufahrt. Die Hofeinfahrten sind sehr eng. Nach hinten erweitern sich die Grundstücke. Hier stehen die Ställe und Scheunen, dahinter liegen die Hofwäldchen. Die Kirche, der Friedhof, die Schule und der Gasthof liegen außerhalb des Rundlings. Der Ursprung und Zweck der Rundlinge sind immer noch rätselhaft, weil es keine schriftlichen Quellen dazu gibt. Ausgrabungen sollen Aufklärung schaffen.

Elbtalaue

Seeadler

Am Rand des Wendlandes fließt die Elbe durch eine weite, ebene Landschaft mit Wiesen, Weiden, Hecken und Bäumen. Hier leben besondere Pflanzenarten und seltene Tiere wie der Seeadler, deren Lebensräume geschützt und erhalten werden.

Viele Künstler, die im Wendland leben und arbeiten, suchen hier Ruhe und ungestörte Natur. Sie zeigen ihre Werke in jedem Jahr auf Ausstellungen in der Zeit zwischen Himmelfahrt und Pfingsten bei der „kulturellen Landpartie".

Mosaik am Haus

Im Oldenburger Münsterland

Bauernhof mit Siloanlage

Geflügelstall

Ausbringen der Gülle

Das Oldenburger Münsterland ist stark durch intensive Landwirtschaft geprägt. Weite Ackerflächen dehnen sich aus, auf denen vor allem Gerste, Roggen und Mais angebaut werden.
Die Bauernhöfe haben unterschiedlich große Ställe. Entscheidend ist, welche Tiere darin untergebracht sind: Geflügel, Schweine oder Rinder. In Silos wird das Futter gelagert. Nur einen Teil des benötigten Futters können die Landwirte selbst auf ihren Feldern anbauen. Den größten Teil müssen sie im Futtermittelhandel kaufen und mit Lastzügen anliefern lassen.

1 Findet heraus, was aus Mais außer Viehfutter noch hergestellt wird.

In den großen Ställen werden sehr viele Tiere gehalten. Für die Fütterung und Pflege braucht man heute nur wenige Arbeitskräfte, sodass keine hohen Lohnkosten anfallen. Computergesteuerte Anlagen sorgen z. B. dafür, dass die Tiere zur richtigen Zeit die ausreichende Menge Futter und Wasser erhalten.
Aber die Aufzucht vieler Tiere in einem Stall – man nennt das Massentierhaltung – bringt auch Probleme mit sich. Die Tiere sind anfällig für Krankheiten. Wenn Seuchen ausbrechen, müssen Hunderte oder Tausende von Tieren medizinisch versorgt oder sogar getötet werden. Mit Hilfe der Massentierhaltung sollen mit geringen Kosten preiswerte Fleischwaren für die Verbraucher produziert werden.
In den großen Kuh- und Schweineställen stehen die vielen Tiere nicht auf Stroh, sondern auf einem Spaltenboden. Tierkot und Harn fließen durch die Spalten ab, werden mit Wasser vermischt und in Silos gepumpt. Dieser Flüssigmist, die Gülle, ist ein hochwertiger Dünger.
Bei uns wachsen Pflanzen im Freiland nur im Frühjahr, im Sommer und im Herbst. Nur in dieser Zeit dürfen die Landwirte die Gülle auf die Äcker und das Grünland ausbringen. Aus Schleppschläuchen rinnt die Gülle direkt auf die Pflanzen. Es darf aber nur die Menge Gülle ausgebracht werden, die aufgenommen werden kann. Zu viel Gülle schadet den Pflanzen und dem Boden.
Wenn die Felder mit Gülle überdüngt werden, gelangt ein Teil davon in das Grundwasser. Das wertvolle Grundwasser wird verschmutzt.

2 Nennt Vorteile und Nachteile der Massentierhaltung.

SPEZIAL

Vechta und der Stoppelmarkt

Die Kreisstadt Vechta im Oldenburger Münsterland hat 35 000 Einwohner. Ihr Name „Vecht“ bedeutet feuchtes Land. Die wichtigsten Betriebe haben einen Bezug zur Landwirtschaft. Es werden Futtermittel, Stallausrüstungen und Tierarzneimittel hergestellt. Bekannt ist Vechta aber vor allem durch den „Stoppelmarkt“. Dieser Markt ist einer der ältesten Jahrmärkte Deutschlands und Höhepunkt im öffentlichen Leben von Vechta.
1298 wurde der Markt erstmals erwähnt. Bis 1577 fand er innerhalb der Stadtmauern statt. Wegen der Pest wurde der Markt danach auf die Getreidefelder verlegt, auf denen noch die Stoppeln standen. So erhielt der Markt seinen heutigen Namen.
Geworben wird für den Markt mit Jan von Dählen und Stuken Libet, Besuchern vom Lande, die erstmals 1912 als Zeichnung in der Stoppelmarktzeitung abgebildet wurden. Der Stoppelmarkt findet jedes Jahr im August statt. Sechs Tage lang wird mit Festumzug, Vieh- und Pferdemarkt und Feuerwerk gefeiert. Am Montag haben alle Kinder schulfrei. Es gibt 20 Festzelte, 20 große Karussells und 500 Stände auf dem über sechs Kilometer langen Markt. Jedes Jahr werden über 700 000 Besucher gezählt.

Jan von Dählen und Stuken Libet

Das Emsland

Schiffbare Ems

Meyer Werft

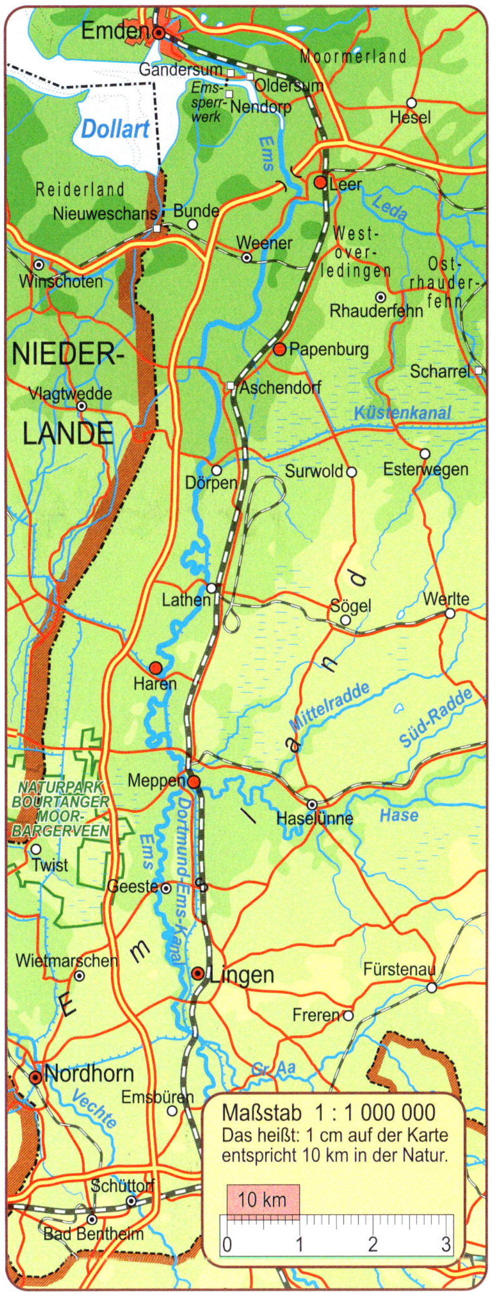

Die Ems fließt in vielen Windungen durch das Land. Für größere Schiffe war der Flusslauf an vielen Stellen nicht geeignet. Deshalb wurde die Ems teilweise begradigt und eingedeicht. Südlich von Meppen wurde vor mehr als 100 Jahren der Dortmund-Ems-Kanal gebaut.

In Papenburg gab es vor etwa 150 Jahren 24 Werften, davon ist nur noch eine, die Meyer Werft, geblieben. Sie ist weit über Deutschland hinaus bekannt. Hier werden Fracht- und Passagierschiffe gebaut und über die Ems in die Nordsee geschleppt.

Die naturbelassene Ems fließt durch eine reizvolle Landschaft. Erholungssuchende können hier wandern, Rad fahren, paddeln, segeln, surfen, angeln und mit dem Planwagen fahren.

Naturbelassene Ems

Freizeit an der Ems

SPEZIAL

Moorkultivierung

Jahrhundertelang war das Emsland eine öde Heide- und Moorlandschaft und nur dünn besiedelt. Die Menschen waren sehr arm. Im Jahre 1950 brachte das staatliche Emsland-Programm eine Verbesserung für die Emsländer. Die weiten Flächen des Bourtanger Moores wurden entwässert und sollten nutzbar gemacht werden. Diese Arbeit verrichteten Dampflokomobile und Tiefpflüge. Zwei Dampflokomobile standen sich an den künftigen Feldrändern gegenüber und zogen riesige Pflüge an langen Stahltrossen durch das Moor hin und her. Jedes Mal, wenn eine Reihe gepflügt war, rückten sie eine Pflugbreite weiter. Die Pflüge reichten über zwei Meter tief in den Boden, sodass sie Sand aus dem Untergrund mit erfassten. So entstand neuer Boden aus Torf und Sand. Dieser ist gut zu bearbeiten und kann ausreichend Wasser speichern. Er eignet sich als Acker- und Grünland.

Auf dem entwässerten Boden konnten nun Straßen gebaut werden. Neue Bauernhöfe und Industriebetriebe wurden angesiedelt.

Tiefpflug und Dampflokomobil

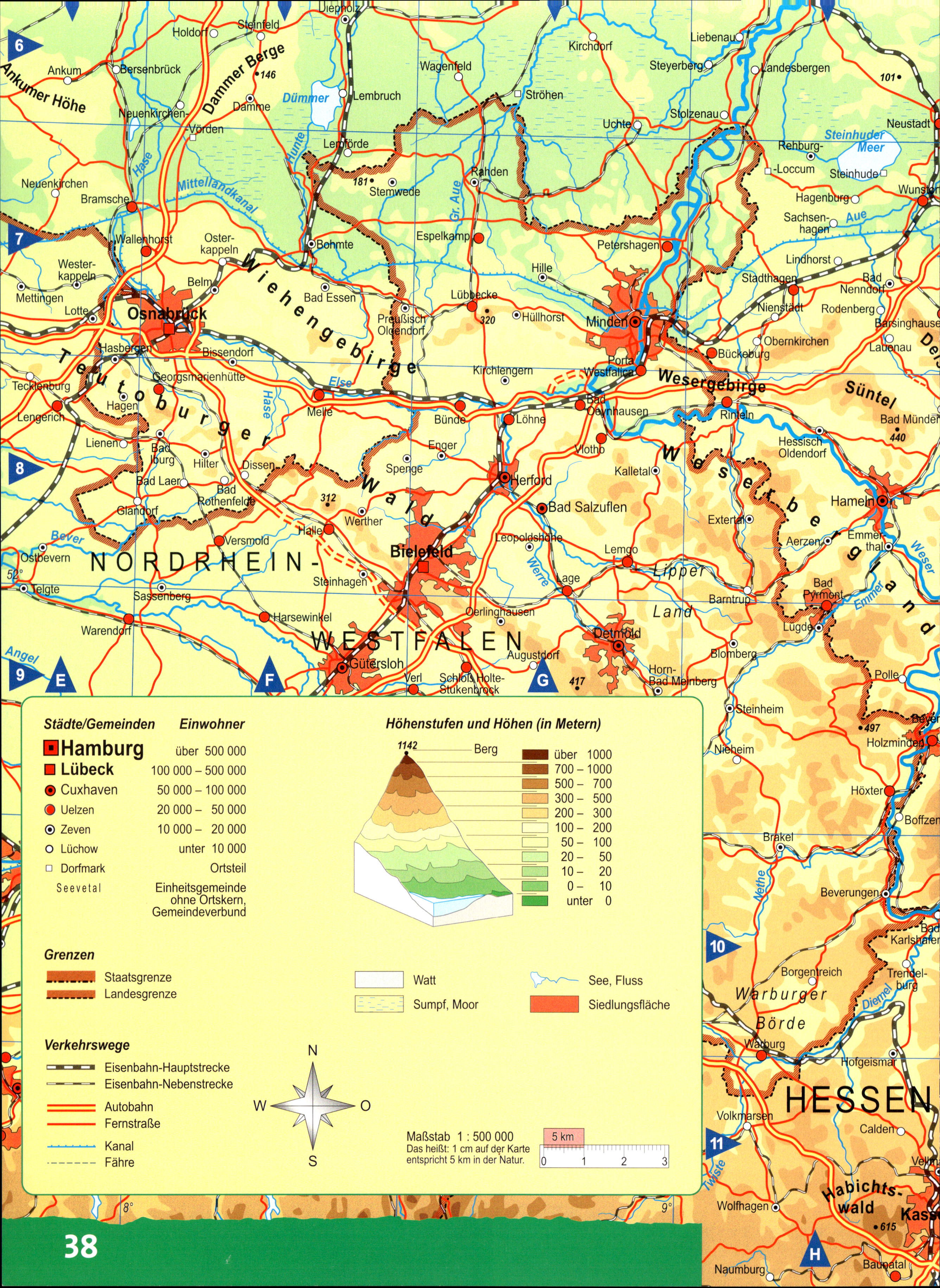

Diepholz
Holdorf
Steinfeld
Dammer Berge
146
Ankum
Bersenbrück
Ankumer Höhe
Damme
Dümmer
Lembruch
Wagenfeld
Kirchdorf
Liebenau
Steyerberg
Landesbergen
101
Ströhen
Neuenkirchen-Vörden
Hunte
Hase
Lemförde
Uchte
Stolzenau
Neustadt
Steinhuder Meer
Rehburg-Loccum
Steinhude
Wunstorf
Neuenkirchen
Bramsche
Mittellandkanal
181
Stemwede
Gr. Aue
Rahden
Hagenburg
Sachsenhagen
Aue
Wallenhorst
Osterkappeln
Bohmte
Espelkamp
Petershagen
Lindhorst
Westerkappeln
Mettingen
Lotte
Belm
Wiehengebirge
Bad Essen
Hille
Lübbecke
Stadthagen
Bad Nenndorf
Nienstädt
Rodenberg
Osnabrück
Preußisch Oldendorf
320
Hüllhorst
Minden
Barsinghausen
Obernkirchen
Lauenau
Hasbergen
Bissendorf
Bückeburg
Porta Westfalica
Deister
Teutoburger Wald
Tecklenburg
Georgsmarienhütte
Kirchlengern
Wesergebirge
Süntel
Lengerich
Hagen
Else
Melle
Bünde
Bad Oeynhausen
Rinteln
Bad Münder
440
Löhne
Lienen
Bad Iburg
Hilter
Dissen
Enger
Spenge
Vlotho
Hessisch Oldendorf
Herford
Kalletal
Weserbergland
Bad Laer
Bad Rothenfelde
312
Bad Salzuflen
Hameln
Glandorf
Werther
Extertal
Bever
Halle
Versmold
Bielefeld
Leopoldshöhe
Aerzen
Emmerthal
Ostbevern
NORDRHEIN-WESTFALEN
Lemgo
Weser
52°
Telgte
Steinhagen
Werre
Lage
Lipper Land
Barntrup
Bad Pyrmont
Sassenberg
Emmer
Harsewinkel
Oerlinghausen
Lügde
Warendorf
Detmold
Angel
Gütersloh
Augustdorf
Blomberg
Verl
Schloß Holte-Stukenbrock
417
Horn-Bad Meinberg
Polle
Steinheim
497
Holzminden
Nieheim
Höxter
Boffzen
Brakel
Nethe
Beverungen
Bad Karlshafen
Borgentreich
Trendelburg
Warburger Börde
Diemel
Warburg
Hofgeismar
HESSEN
Volkmarsen
Calden
Twiste
Wolfhagen
Habichtswald
615
Naumburg
Baunatal
6
7
8
9
10
11
E
F
G
H
8°
9°
Städte/Gemeinden
Einwohner
Hamburg über 500 000
Lübeck 100 000 – 500 000
Cuxhaven 50 000 – 100 000
Uelzen 20 000 – 50 000
Zeven 10 000 – 20 000
Lüchow unter 10 000
Dorfmark Ortsteil
Seevetal Einheitsgemeinde ohne Ortskern, Gemeindeverbund
Höhenstufen und Höhen (in Metern)
1142 Berg
über 1000
700 – 1000
500 – 700
300 – 500
200 – 300
100 – 200
50 – 100
20 – 50
10 – 20
0 – 10
unter 0
Grenzen
Staatsgrenze
Landesgrenze
Watt
Sumpf, Moor
See, Fluss
Siedlungsfläche
Verkehrswege
Eisenbahn-Hauptstrecke
Eisenbahn-Nebenstrecke
Autobahn
Fernstraße
Kanal
Fähre
N
W
O
S
Maßstab 1 : 500 000
Das heißt: 1 cm auf der Karte entspricht 5 km in der Natur.
5 km
0 1 2 3

Celle
Wietze
Hambühren
Lachendorf
Aller
Wienhausen
Nienhagen
Wathlingen
Müden
Wesendorf
Wahrenholz
Brome
Klötze
Mellendorf
Wedemark
Bissendorf
Burgwedel
Langenhagen
Isernhagen
Hänigsen
Uetze
Burgdorf
Gifhorn
Sassenburg
Westerbeck
Meinersen
Rühen
Mittellandkanal
Berenbostel
Garbsen
Seelze
Hannover
Leiferde
Isenbüttel
Calberlah
Wolfsburg
Oebisfelde
Velpke
Edemissen
Meine
Lehrte
Schwülper
Schunter
Lehre
173
Ronnenberg
Laatzen
Hemmingen
Sehnde
Peine
Wendeburg
Grasleben
Weferlingen
Gehrden
Braunschweig
Aller
Pattensen
Algermissen
Hohenhameln
Ilsede
Vechelde
Cremlingen
Königslutter
Helmstedt
Wennigsen
Sarstedt
Lahstedt
Lengede
Erxleben
Springe
Harsum
Schellerten
Sickte
Elm
Marienborn
Giesen
Söhlde
Hildesheim
Salzgitter
Wolfenbüttel
Schöningen
Eilsleben
Eldagsen
Nordstemmen
Schöppenstedt
Coppenbrügge
Elze
Innerste
Hötensleben
Gronau
Diekholzen
Holle
Oker
Jerxheim
Salzhemmendorf
Bad Salzdetfurth
441
394
Leine
Leine-bergland
Liebenburg
Hornburg
Oschersleben
Hessen
288
Duingen
Bockenem
Schladen
52°
Alfeld
Aue-Fallstein
Lutter
Lamspringe
Osterwieck
Dardesheim
Schwanebeck
472
Große-sohl
Delligsen
Vienenburg
Langelsheim
SACHSEN-ANHALT
Eschershausen
Freden
Hils
Goslar
Seesen
Bode
Stadtoldendorf
Bad Gandersheim
Bad Harzburg
Ilsenburg
Derenburg
Halberstadt
Kreiensen
762
Wernigerode
528
Große Blöße
Dassel
Einbeck
Bad Grund
Brocken
1142
Harz
Blankenburg
Kalefeld
Gittelde
Clausthal-Zellerfeld
Altenau
Bruchberg
928
Quedlinburg
Echte
971
Wurmberg
Elbingerode
Thale
Neuhaus
860
Braunlage
Solling
Söse
Rappbode-stausee
Gernrode
Ballenstedt
Moringen
Northeim
Osterode
St. Andreasberg
582
Ramberg
Katlenburg-Lindau
Sieber
Hasselfelde
Uslar
Hardegsen
Herzberg
Oder
687
Benneckenstein
Nörten-Hardenberg
Rhume
Hattorf
Bad Lauterberg
Harzgerode
Weser
Adelebsen
Bovenden
Gieboldehausen
Bad Sachsa
Ellrich
Wipper
600
Ilfeld
Stolberg
Wipper-stausee
Ebergötzen
Göttingen
Duderstadt
THÜRINGEN
Dransfeld
Rosdorf
Nordhausen
472
480
Gleichen
Reinhardshagen
Reinhausen
535
Berga
Heringen
Helme
Bleicherode
Friedland
Hann. Münden
Fulda
Worbis
Leinefelde-
Wipper
Talsperre Kelbra
473
Kyffhäuser
Bad Frankenhausen
Werra
Heiligenstadt
Leine
Sondershausen
Uschlag
Staufenberg
Witzenhausen
Bad Sooden-Allendorf
Kaufungen
Lohfelden
Helsa
Großalmerode
10°
11°
J
K
L
M
6
7
8
9
10
11

Die Börde

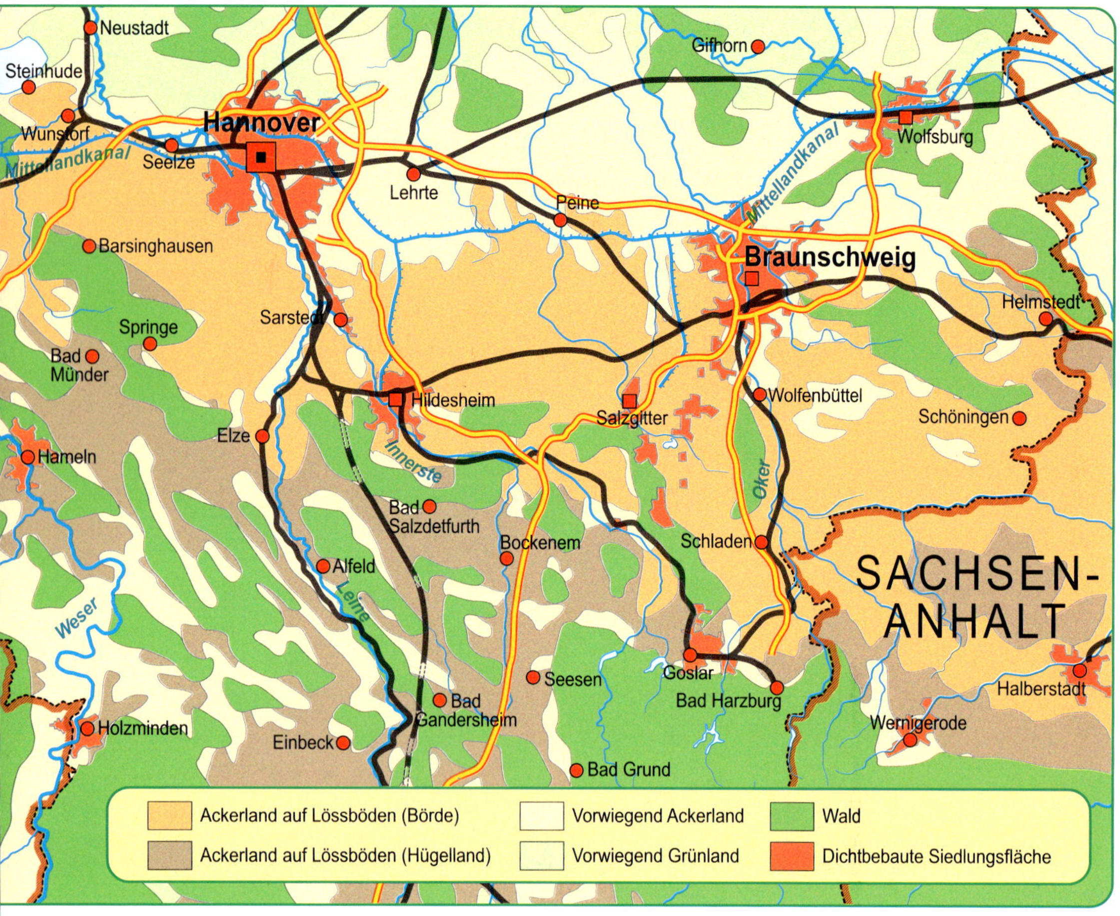

In Niedersachsen hat die Landwirtschaft große Bedeutung. Wo es möglich ist, wird Ackerbau betrieben. Eine Region des Landes ist hierfür besonders geeignet: die Börde. Vor dem Bergland zieht sich die Börde quer durch Niedersachsen in einem nach Osten breiter werdenden Streifen.

Der Ackerbau in der Börde ist durch den Lössboden besonders ertragreich. Löss ist eine Bodenart, die während der letzten Eiszeit entstanden ist. Der Lössboden ist reich an Nährstoffen und hält die Feuchtigkeit gut.

In der Börde sind die Temperaturen warm und es fallen ausreichend Niederschläge. So gedeihen Nutzpflanzen wie Zuckerrüben, Weizen und Gerste bestens. Die Landwirte betreiben fast nur Ackerbau. Auf den ausgedehnten Äckern werden leistungsfähige große Landmaschinen eingesetzt. Mit wenigen Arbeitskräften, aber viel Technik, betreiben die Landwirte der Börde heute erfolgreich Ackerbau.

1 Nennt mehrere Gründe, warum die Börde für den Ackerbau besonders geeignet ist.

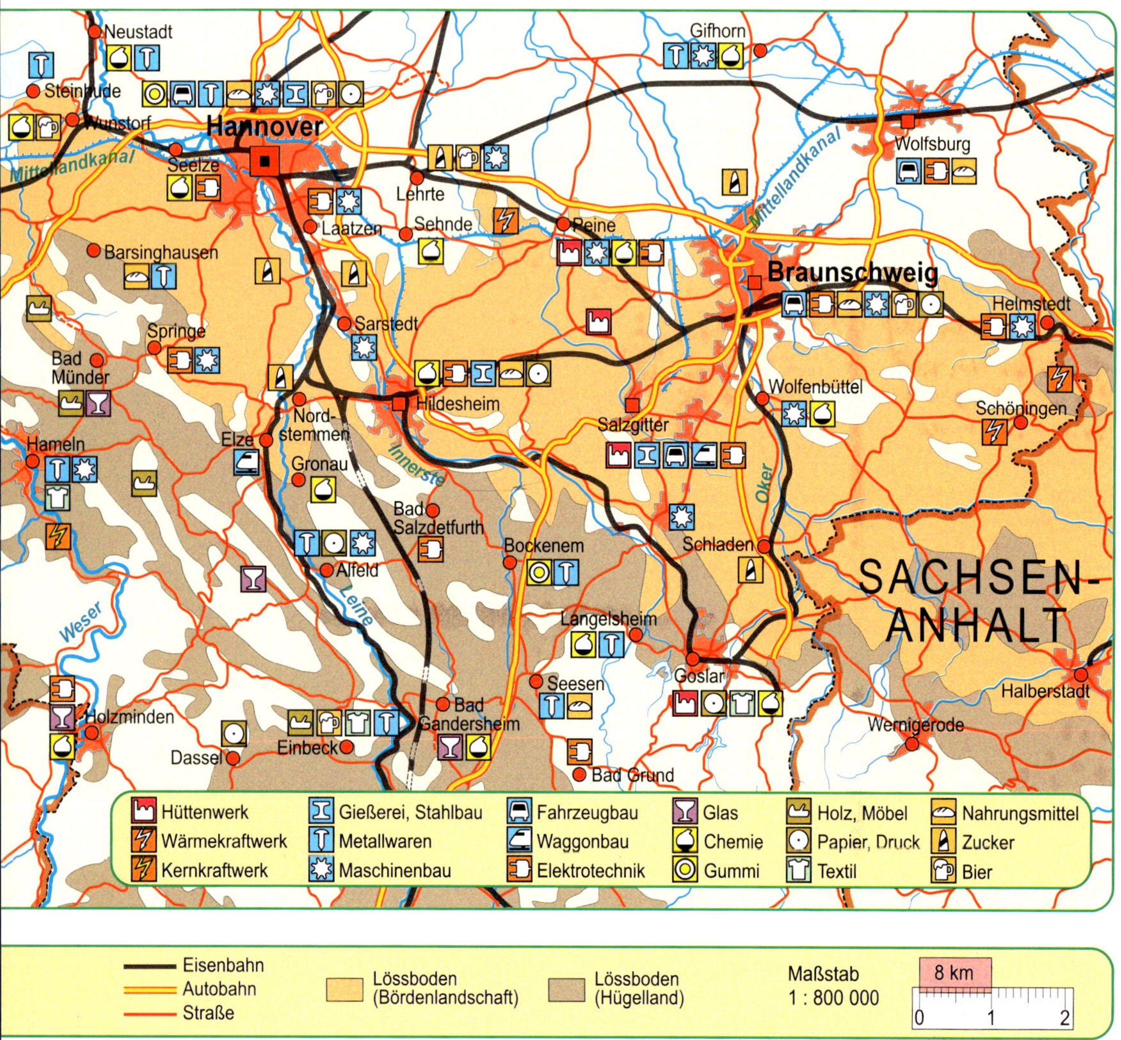

Zum Teil werden die geernteten Nutzpflanzen gleich in den nahe gelegenen Mühlen, Zuckerfabriken und Konservenfabriken verarbeitet. Geräte und Maschinen für die Landwirtschaft und Nahrungsmittelindustrie werden in Maschinenbaubetrieben hergestellt, die häufig auch in der Börde liegen. Sie benötigen Stahl und Metallerzeugnisse, die ebenfalls in der Börde in dem Industriegebiet um Peine und Salzgitter erzeugt werden.

Die Börde ist ein Wirtschaftsraum. Hier leben viele Menschen in großen Städten. Es gibt bedeutende Industrieorte, ein dichtes Verkehrsnetz und zahlreiche Dienstleistungsunternehmen. Das sind beispielsweise Verwaltungen, Banken, Versicherungen und Hotels, auch Theater und Museen.

2 Findet heraus, an welchen Standorten es Nahrungsmittelindustrie und Maschinenbau gibt.

3 Welche Verkehrswege verbinden die großen Städte und Industriezentren?

Zuckerrübenanbau

Zuckerfabrik Nordstemmen

Früher gab es in der Börde kleine Höfe und schmale Felder. Doch der Einsatz leistungsfähiger großer Maschinen erforderte große Flächen. Äcker wurden zusammengelegt, Wege neu gebaut, Hecken gerodet. So entstand die weite, ausgeräumte Bördelandschaft. Hauptsächlich Zuckerrüben, Weizen und Gerste werden hier angebaut.

Viele Menschen verloren ihre Arbeit durch den Einsatz von Maschinen, oder gaben kleine Höfe auf. In den Städten und in der Industrie fanden sie neue Arbeitsplätze. Besonders die Herstellung von Maschinen für die Landwirtschaft und die Verarbeitung landwirtschaftlicher Produkte ließ Industriebetriebe und Fabriken entstehen.

Salzgitter Stahlwerk

Mittellandkanal

Die Gründung der Industriestädte Salzgitter (1937) und Wolfsburg (1938) in einer rein landwirtschaftlichen Region führte zur Ansiedlung vieler Menschen. In der Börde findet man noch heute Industrie und Landwirtschaft dicht nebeneinander.

Schon vor der Hansezeit führten alte Handelswege durch die Börde. Heute gibt es für den starken Güter- und Transportverkehr in der dicht besiedelten, wirtschaftlich intensiv genutzten Börde viele verschiedene Verkehrswege. Straßen, Eisenbahnstrecken und Kanäle wurden gebaut.

SPEZIAL

Dom

Hildesheim

Die erste Siedlung entstand am Übergang eines alten Fernhandelsweges über den Fluss Innerste. 815 wurde das Bistum Hildesheim gegründet. Der mächtige Dom von 872 gehört heute zum Weltkulturerbe. An seiner Mauer wächst das Wahrzeichen Hildesheims, ein 1000 Jahre alter Rosenstock. 1367 trat Hildesheim dem Hansebund bei. Die reiche Stadt hatte prächtige Fachwerkhäuser. 1945 wurden sie durch Bomben fast alle zerstört. Das Knochenhaueramtshaus, das Gildehaus der Fleischer aus dem Jahre 1529, wurde 1989 am Marktplatz originalgetreu wieder aufgebaut.

Knochenhauer Amtshaus

Wolfsburg – Stadt im Wandel

Die Stadt Wolfsburg und das Volkswagenwerk

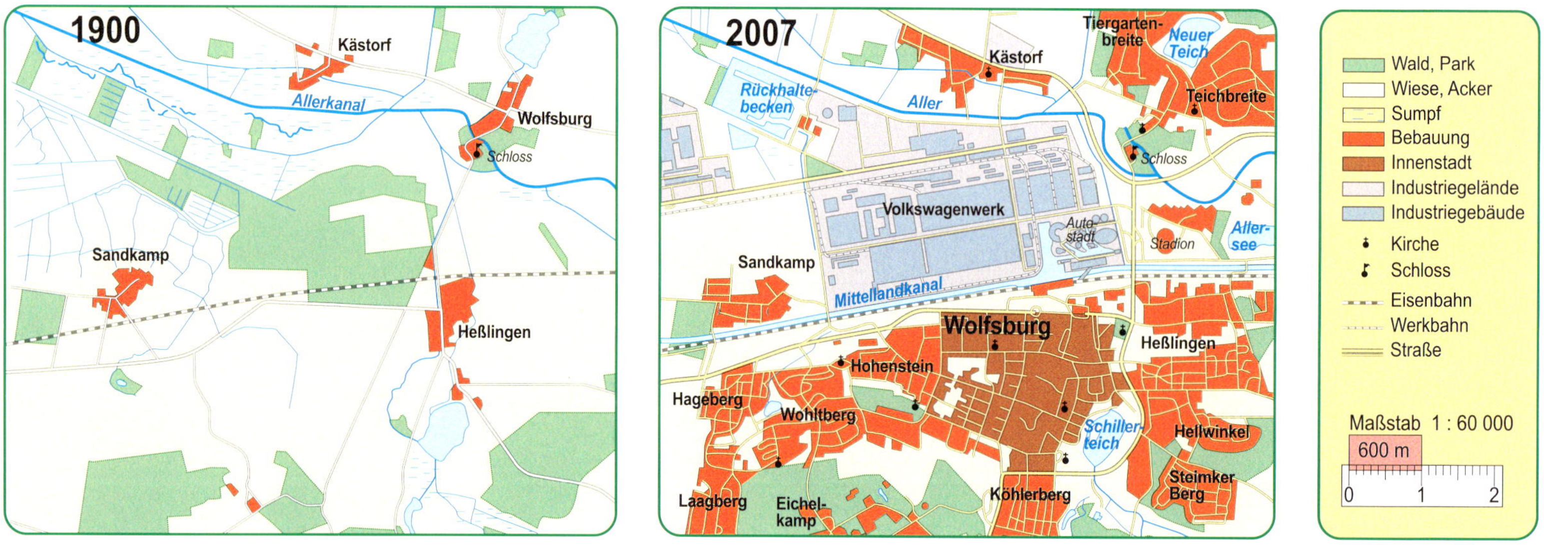

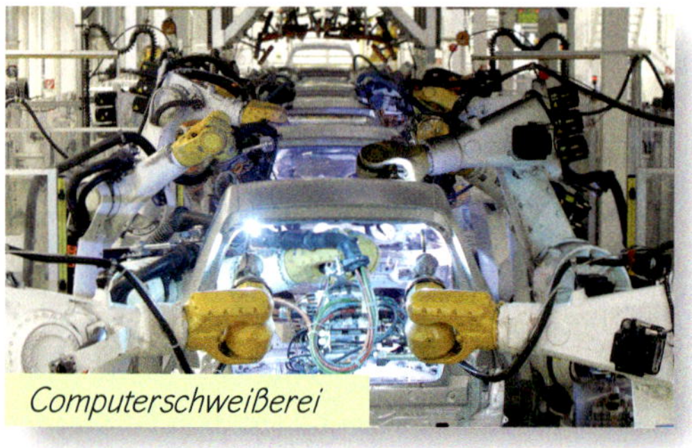

Computerschweißerei

Wolfsburg ist eine junge, moderne Industriestadt. Die Grundsteinlegung für das Volkswagenwerk erfolgte im Jahre 1938. Nach dem Zweiten Weltkrieg erhielt die Stadt den Namen Wolfsburg nach der in der Nähe gelegenen Wasserburg „Wolfsburg". Die Lage des Standortes für ein großes Automobilwerk war gut gewählt. Es gab bereits ausgebaute Verkehrswege wie die Eisenbahnlinie Köln-Berlin, die Autobahn Hannover-Berlin und den Mittellandkanal. Der benötigte Stahl wurde im nahe gelegenen Salzgitterwerk produziert.

Innerhalb von 30 Jahren machte die Stadt eine rasante Entwicklung durch. Aus einer Barackensiedlung entstand eine moderne Stadt mit mehr als 120 000 Einwohnern. Dieses schnelle Wachstum verdankt die Stadt dem Volkswagenwerk.

In diesem Werk sollte ein preiswertes Auto hergestellt werden, das für jedermann erschwinglich war, eben ein Volkswagen. So entwickelte der Autokonstrukteur Ferdinand Porsche den ersten Volkswagen, der 1941 vom Band lief. Nach Ende des Zweiten Weltkrieges begann die Serienproduktion. Bald konnten sich immer mehr Menschen ein Auto leisten. Der VW-Käfer gehört zu den meistverkauften Autos der Welt. Das Volkswagenwerk wurde immer wieder erweitert und ausgebaut. Heute gehört Volkswagen zu den größten Autoherstellern Europas und ist Niedersachsens größter Arbeitgeber.

Auch die Herstellung der Fahrzeuge veränderte sich völlig. Heute werden viele Arbeiten von elektronisch gesteuerten Automaten und Robotern ausgeführt. Verschiedene Bauteile schweben an Transportsystemen von einer Station zur nächsten. Ein Steuerungssystem garantiert das pünktliche Zusammentreffen aller Bauteile am Montageband. Facharbeiter überwachen und kontrollieren die komplizierten Vorgänge. Aus vielen Einzelteilen und Bausätzen entstehen die von den Käufern mit unterschiedlicher Ausstattung bestellten Autos.

1 Nennt Gründe für die Auswahl des Standortes Wolfsburg.

2 Vergleicht die Karten und beschreibt die Veränderungen.

Die Entwicklung der Stadt Wolfsburg ist sehr eng mit der Entwicklung des Volkswagenwerkes verbunden. Die Stadt erhält hohe Steuereinnahmen durch die Autofabrik und konnte so zahlreiche neue Einrichtungen, zum Beispiel für Freizeit und Kultur, bauen lassen. Sie sollen die Stadt noch attraktiver für die Bewohner und Besucher gestalten. So veränderte Wolfsburg in den letzten Jahren sein Gesicht.

Am 1. Juni 2000 wurde in Wolfsburg die Autostadt eröffnet, deren zwei gläserne Autotürme schon von weitem zu erkennen sind. Täglich werden bis zu 1000 Neuwagen aus der Produktion in diese Türme transportiert. In der Autostadt holen viele Käufer ihr neues Auto selbst ab. Dabei können sie wie die anderen Besucher modernste Technik entdecken und eine faszinierende Entdeckungsreise in die Welt des Automobils unternehmen.

Die Stadt baute viele großzügige Kultur- und Freizeiteinrichtungen und förderte die Ansiedlung von neuen Unternehmen. Im Allerpark entstand das größte norddeutsche Wellenbad, das „Badeland", das täglich viele Besucher anzieht. Publikumsmagnete sind auch das Planetarium, der Eispalast und die neue Fußballarena. Die 2002 eröffnete City-Galerie bietet vielfältige Einkaufsmöglichkeiten.

Autostadt

Kinder in der WerkStadt

Planetarium

City-Galerie

SPEZIAL

Phaeno

Zu den neuen Attraktionen Wolfsburgs gehört das Wissenschaftsmuseum Phaeno, das 2005 seine Tore öffnete. Das sehr ungewöhnliche Gebäude steht auf zehn kegelförmigen Betonpfeilern.

In einer riesigen Experimentierlandschaft werden wissenschaftliche Versuche vorgeführt oder können meist von den Besuchern selbst durchgeführt werden. Themen aus Naturwissenschaft und Technik werden für jeden anschaulich gemacht. Das Phaeno bietet 250 Experimentierstationen und drei Mitmachlabore zum Staunen und Forschen und ein Wissenschaftstheater mit spannenden Shows.

Hannover – die Landeshauptstadt

Blick auf den Maschsee

Marktkirche

Landtag

Messe

Hannover ist die Landeshauptstadt von Niedersachsen und damit das Verwaltungszentrum. Hier befinden sich die Landesregierung, ihre Ministerien und der Landtag, das Landesparlament. Die gewählten Landtagsabgeordneten tagen im Leineschloss, dem Landtagsgebäude.

Im Zweiten Weltkrieg wurde Hannover stark zerstört. Nach 1946 wurde die Stadt zügig wieder aufgebaut. Hannover entwickelte sich zu einem bedeutenden Einkaufszentrum. Die Stadt ist auch ein Bildungs- und Kulturzentrum mit einer Universität, der Medizinischen und der Tierärztlichen Hochschule und der Hochschule für Musik und Theater. Es gibt viele Museen, Theater und Bibliotheken.

Wenn man von der Kuppel des Neuen Rathauses einen Blick rund um auf die Stadt wirft, sieht man unter anderem das Landtagsgebäude, die Marktkirche und den Maschsee. Das Neue Rathaus und die Marktkirche sind die Wahrzeichen Hannovers.

Hannover ist weltweit als Messestadt bekannt. Jedes Jahr finden auf dem Messegelände zahlreiche Messen und Ausstellungen statt. Die bedeutendsten sind die Computermesse CeBIT und die Hannover Messe für Industrieprodukte. Jedes Jahr kommen insgesamt über zwei Millionen Messebesucher nach Hannover. Seit dem Jahr 2000, in dem die Weltausstellung EXPO dort stattfand, gibt es am Messegelände einen eigenen Bahnhof. Während der großen Messen halten dort die ICE-Züge, sodass die Messebesucher direkt am Ziel aussteigen können. Besucher, die mit dem Flugzeug anreisen, können mit der S-Bahn vom internationalen Flughafen Langenhagen zum Messebahnhof fahren.

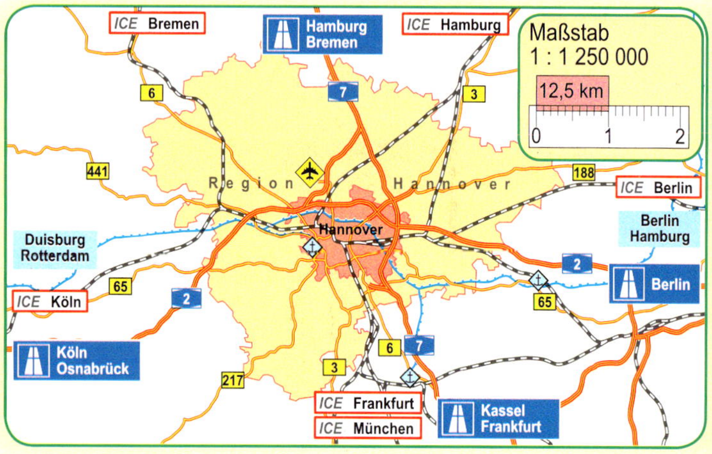

SPEZIAL

Verkehrsknotenpunkt Hannover

Hannover und das Messegelände sind aus allen Himmelsrichtungen über verschiedene Verkehrswege und mit unterschiedlichen Verkehrsmitteln zu erreichen. Hier kreuzen sich die wichtigsten Verkehrswege in Nord-Süd- und Ost-West-Richtung, beispielsweise die A 2 und die A 7. Hannover wird deshalb auch als Verkehrsknotenpunkt bezeichnet. Auch die Hauptstrecken der Deutschen Bahn, die die großen Städte Deutschlands miteinander verbinden, führen über Hannover. Auf dem Mittellandkanal können große Mengen an Rohstoffen oder Fertigteilen transportiert werden. Es gibt drei Häfen, in denen die Binnenschiffe be- und entladen werden. Am nördlichen Stadtrand im Norden gibt es einen internationalen Flughafen.

Eilenriede

Herrenhausen – Großer Garten

Berggarten

Hannover bietet der Bevölkerung viele Sport- und Naherholungsflächen. Hierzu gehören der Maschsee, der Stadtwald Eilenriede, der Sportpark mit dem Niedersachsenstadion, der Zoo, der Tiergarten und die Herrenhäuser Gärten.
Die Herrenhäuser Gärten locken mit ihren schönen Anlagen viele Besucher an. Im Orangeriegarten kann man Orangen- und Zitronenbäume bewundern, die wie Figuren auf einem Schachbrett angeordnet sind. Im Großen Garten finden sich kunstvoll angelegte Beete sowie viele Wasserspiele und eine 60 Meter hohe Gartenfontäne.
Der Berggarten entstand gleichzeitig mit dem Großen Garten und ist einer der größten botanischen Gärten Europas. In diesem Schaugarten gibt es mehr als 1100 verschiedene Pflanzenarten. Eine neue Attraktion in den Herrenhäuser Gärten ist das Aquarium Sealife im ehemaligen Regenwaldhaus. Hier können Seepferdchen, Schildkröten, Haie, Rochen und andere Tiere in ihren Lebensräumen beobachtet werden. Ein Glastunnel, der durch ein Ozeanbecken führt, ermöglicht es den Besuchern, die Meerestiere direkt über ihren Köpfen schwimmen zu sehen.

Sealife

1 Mit welchen Verkehrsmitteln könnt ihr von eurem Heimatort nach Hannover gelangen? Die Karten auf den Seiten 8/9 und 17/18 helfen euch.

2 Hannover ist ein Verkehrsknotenpunkt. Findet mit Hilfe der Karte auf Seite 44 heraus, warum diese Aussage richtig ist.

3 Überlegt, was ihr bei einem Ausflug nach Hannover anschauen möchtet und begründet eure Auswahl.

4 Findet auf dem Stadtplan die im Text erwähnten Sehenswürdigkeiten.

Universität

Braunschweig

Im Mittelalter gab es an der Oker noch keine Brücken. Kaufleute durchquerten den Fluss mit ihren Pferdefuhrwerken an flachen Stellen, den Furten. Das Durchfahren des Flusses war nicht nur wegen des reißenden Flusses gefährlich. Räuber nutzten die Gelegenheit und überfielen die Kaufleute.

An einer dieser Furten befanden sich die Burg Dankwarderode und ein Kloster. Unter dem Schutz des Burgherren konnten die Kaufleute den Fluss gefahrlos durchqueren. Sie siedelten sich vor etwa 1000 Jahren an der rechten Seite der Oker an und errichteten einen Stapel- und Umschlagplatz für Waren, die spätere Stadt Braunschweig. Dieser älteste Teil der Stadt trägt den Namen Altewiek. Später gründeten Kaufleute eine Marktsiedlung auf einem höher gelegenen Gebiet auf der linken Seite des Flusses, die den Namen Altstadt bekam.

Die günstige Lage der Marktsiedlung an der Kreuzung mehrerer Fernstraßen veranlasste Heinrich den Löwen (1142-1195), Herzog von Sachsen, in Braunschweig seine Residenz auszubauen. Von dort aus regierte er den Nordosten des Landes. Als Zeichen seiner Macht ließ sich Heinrich der Löwe das Standbild des Löwen auf dem Burgplatz aufstellen. Die alte Burg wurde abgerissen und eine neue prunkvoll errichtet. Nach der Rückkehr von einer Pilgerfahrt begann er mit dem Bau des Domes. Auf seine Anweisung hin entstanden die Stadtteile Hagen und Neustadt am Stadtrand. Nach 1250 wurde eine Baulücke mit dem fünften Stadtteil Sack geschlossen. Damit war die Siedlungsgeschichte der mittelalterlichen Stadt Braunschweig abgeschlossen.

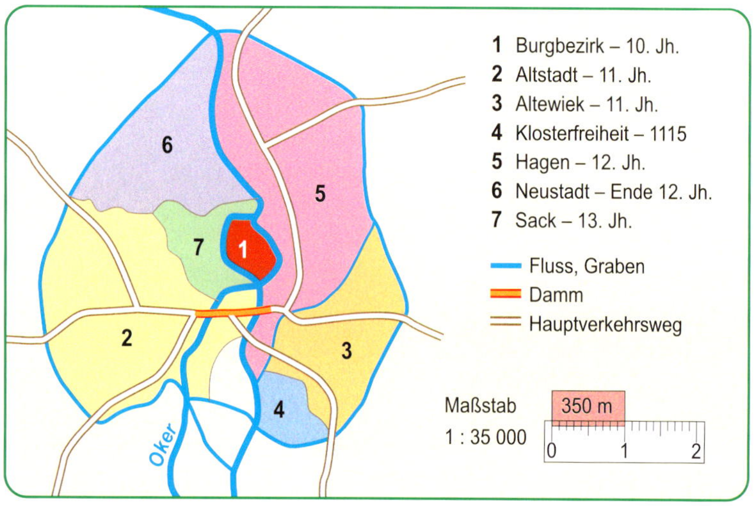

Die Entwicklung Braunschweigs im Mittelalter ist einmalig. Rund um die Burg war eine Stadt mit fünf Siedlungen und eigenen Warenumschlagplätzen entstanden. Jeder Stadtteil war völlig selbstständig mit eigenem Rathaus, Markt und Pfarrkirchen. Erst nach 1250 wurden die fünf Stadtteile mit einer gemeinsamen Mauer, mit Gräben und Wällen umgeben und geschützt.

Burg Dankwarderode und der Löwe

1 Findet die im Text genannten Stadtteile auf der Karte. Nennt die Reihenfolge, in der die Stadtteile gegründet wurden.

2 Warum wählte Heinrich der Löwe Braunschweig als Residenzstadt? Berichtet.

SPEZIAL

Heinrich der Löwe

Um die Person Heinrichs des Löwen ranken sich viele Sagen. In einer wird Folgendes berichtet: Auf der Pilgerfahrt ins Heilige Land strandete in einem Sturm das Schiff des Herzogs an einem unbewohnten Gestade. Dort wird Heinrich Zeuge eines Kampfes zwischen einem Löwen und einem Drachen. Das Ungeheuer droht, den Löwen zu erwürgen. Schnell eilt Heinrich zu Hilfe und schlägt dem Drachen mit dem Schwert den Kopf ab.

Der Löwe begleitet seinen Retter von nun an treu auf Schritt und Tritt. So vergehen sieben Jahre. Heinrichs Gemahlin nimmt an, der Herzog sei lange verstorben. Sie plant eine neue Vermählung.

Dieses erfährt Heinrich vom Teufel, der ihn in der Einöde aufsucht. Er bietet gleichzeitig an, Herrn und Löwen durch die Lüfte nach Braunschweig zu tragen. So erreicht der Herzog seine Burg gerade noch rechtzeitig und wird von seiner Gemahlin freudig aufgenommen. Der treue Löwe bleibt bei seinem Herrn bis zu dessen Tode und stirbt vor Trauer auf dem Grabstein.

Universität Braunschweig

Atomuhr

Die Technische Universität Carola-Wilhelmina in Braunschweig wurde bereits im Jahre 1745 gegründet und besitzt eine lange Tradition. Heute lernen in der „Stadt der Forschung“ mehr als 17 000 Studierende in 111 Instituten und Seminaren. Mehr als 20 Forschungseinrichtungen bieten vielfältige Möglichkeiten. Eine enge Zusammenarbeit besteht mit der physikalisch-technischen Bundesanstalt (PTB). Hier ist der Standort der Atomuhr. Sie ist die genaueste Uhr der Welt. In fünf Millionen Jahren geht sie höchstens eine Sekunde falsch. Alle Funkuhren in Deutschland werden automatisch durch ein Signal der Atomuhr gestellt, zum Beispiel beim Wechsel von der Sommer- zur Winterzeit.

Schloss früher

Schlossarkaden

Das Braunschweiger Schloss wurde 1718 erbaut und war von 1753 bis 1918 die Residenz der Braunschweigischen Herzöge. Im Jahr 1830 zerstörte ein Brand das Schloss. Bis 1841 wurde ein neuer Bau errichtet. Während des Zweiten Weltkrieges wurde das Schloss durch Luftangriffe schwer beschädigt und 1960 komplett abgerissen. Auf der freien Fläche wurde der Schlosspark angelegt. Der Schlosspark wurde bebaut mit einem Einkaufszentrum mit 150 Geschäften, den „Schlossarkaden“. Mehr als 1000 Menschen haben dort einen Arbeitsplatz. Einige Räume werden von kulturellen Einrichtungen genutzt, zum Beispiel der Stadtbibliothek. Die Westseite des Gebäudes ist eine Nachbildung der alten Schlossfassade. Einige erhaltene Teile der alten Schlossfassade wurden für den Neubau mit verwendet.

SPEZIAL

Riddagshausen

Im Jahre 1145 gründeten Zisterziensermönche das Kloster Riddagshausen. Heinrich der Löwe übertrug dem Kloster 1146 das Dorf Ritdageshusen mit dem Landsitz und Arbeitskräften. Die bekannte Klosterkirche wurde 1275 geweiht. Die Mönche legten zahlreiche Teiche an und entwässerten die umliegenden Sümpfe. Heute existieren noch elf Teiche, in denen Fische gehalten werden. Am Wasser findet man eine reiche Tier- und Pflanzenwelt. Hier leben seltene Vogelarten wie z. B. der Eisvogel. Um das Teichgebiet zu erhalten und zu schützen, wurde es zum Naturschutzgebiet erklärt.

Osnabrück

Am Fluss Hase trafen an einer seichten Stelle alte Handelswege aus allen Richtungen zusammen. An diesem Flussübergang ließ der Frankenkaiser Karl der Große nach der Eroberung des Sachsenlandes im Jahr 783 eine Kirche, einen Gutshof und eine Schule erbauen. Schon bald musste die kleine befestigte Domburgsiedlung vergrößert werden. Viele Kaufleute wollten sich hier ansiedeln.
Im Jahr 800 setzte der Kaiser einen Bischof ein und gründete das Bistum Osnabrück. An die Stelle der ersten Kirche wurde 400 Jahre später der mächtige Dom St. Peter gebaut. Er ist noch heute der Mittelpunkt der Stadt Osnabrück und des Bistums.

Rathaus

Im Jahr 1173 erhielt Osnabrück die Stadtrechte und führt seitdem im Wappen das sechsspeichige Bischofsrad. Die Stadt gelangte durch die Kaufleute zu Bedeutung und Reichtum. Etwa 300 Jahre lang gehörte Osnabrück zur Hanse.
Im Dreißigjährigen Krieg (1618 – 1648) wurde die Stadt erobert und ausgeplündert. 1642 trafen in Osnabrück viele Gesandte aus allen am Krieg beteiligten Staaten ein. Sie wollten über ein Ende des Krieges verhandeln. Am 25. Oktober 1648 wurde dann von der Treppe des Osnabrücker Rathauses der Westfälische Friede verkündet. Damit war der Dreißigjährige Krieg endlich beendet.
An diesen Tag erinnert heute noch der Brauch des Steckenpferdreitens: Am Friedenstag kommen jedes Jahr alle Viertklässler mit Steckenpferden und Papierhelmen zum Rathaus. Dort werden sie vom Bürgermeister empfangen und erhalten jeder eine Brezel.

Dom

Schloss

Osnabrück ist heute die drittgrößte Stadt Niedersachsens und hat 163 000 Einwohner. Etwa 113 000 Menschen haben ihren Arbeitsplatz im Dienstleistungsbereich, im Handwerk oder in der Produktion, z. B. im Fahrzeugbau oder in der Herstellung von Kupferdächern, Fotopapier, Fahrstühlen, Eis und Pralinen. Knapp 50 000 Menschen sind Pendler. Sie wohnen im Umland und fahren morgens in die Stadt zur Arbeit und abends wieder nach Hause.
In der Innenstadt gibt es Fußgängerzonen mit insgesamt mehr als sechs Kilometern Länge und Geschäfte aller Art. An der Universität und in verschiedenen Fachhochschulen werden rund 18 000 Studierende ausgebildet. Viele Touristen kommen nach Osnabrück, um die Sehenswürdigkeiten der alten Bischofsstadt kennen zu lernen.

1. Erklärt mit Hilfe der Karte auf Seite 16/17, wie Osnabrück mit dem Auto, der Bahn oder mit dem Schiff erreicht werden kann.

2. Beschreibt einen Weg von eurem Wohnort nach Osnabrück. Benutzt die Karte auf Seite 8/9.

Das Osnabrücker Land

Osnabrücker Land

Saurierspuren

Gradierwerk

Die Höhenzüge des Teutoburger Waldes und des Wiehengebirges machen das Osnabrücker Land zu einer abwechslungsreichen Landschaft, die viele Menschen gern besuchen.
Drei Autoferienstraßen führen durch das Gebiet. Es gibt viele Wanderrouten und ein 2500 Kilometer umfassendes Radwegenetz. Auf dem Weg durch das Osnabrücker Land sieht man alte Fachwerkhäuser, Wind- und Wassermühlen, Klöster, reiche Herrensitze und einsame Bauernhöfe. Deren Besitzer bieten oft Ferienunterkünfte an. Sehenswert sind auch die versteinerten Saurierspuren an einer Felswand in Bad Essen. Erholungsuchende und Menschen mit Gesundheitsproblemen fahren in die Soleheilbäder. Sie baden in der Sole, trinken sie und atmen an den Gradierwerken die salzhaltige Luft ein.

SPEZIAL

Germanen besiegen die Römer

Bei Ausgrabungen bei Kalkriese nördlich von Osnabrück haben Forscher 1989 Ausrüstungsgegenstände einer ganzen römischen Armee gefunden. Sie beweisen, dass dort vor rund 2000 Jahren die berühmte Varusschlacht zwischen Römern und Germanen stattgefunden hat:

Im Jahre 9 n. Chr. hatten die Römer weite Teile der germanischen Stammesgebiete erobert und besetzt. Sie behandelten die Germanen sehr ungerecht. Die Germanen sammelten sich unter ihrem Anführer Armin, der lange Zeit ein Freund der Römer gewesen war, um sich zu befreien. Das gelang ihnen aber nur mit einer List. Am Wiehengebirge nördlich von Osnabrück zog ein Heer gut ausgebildeter und ausgerüsteter römischer Soldaten unter dem römischen Heerführer Varus entlang. Armin hatte sie dorthin gelockt. Die Germanen hatten sich am Kalkrieser Berg versteckt. Der Platz war gut gewählt, denn gegenüber lag das unwegsame Große Moor. Es gab nur einen schmalen Weg, den die Germanen mit einer zweiten Truppe versperrten. Sie konnten an diesem Engpass die Römer von zwei Seiten erfolgreich angreifen. Varus hatte keine Chance. Die blutige Schlacht endete mit einer totalen Niederlage der Römer. Danach verloren die Römer die Herrschaft über Germanien.
Im Museum und im Park Kalkriese können sich die Besucher die Ergebnisse der Ausgrabungen ansehen. Seit 2002 gibt es auch ein Kindermuseum.

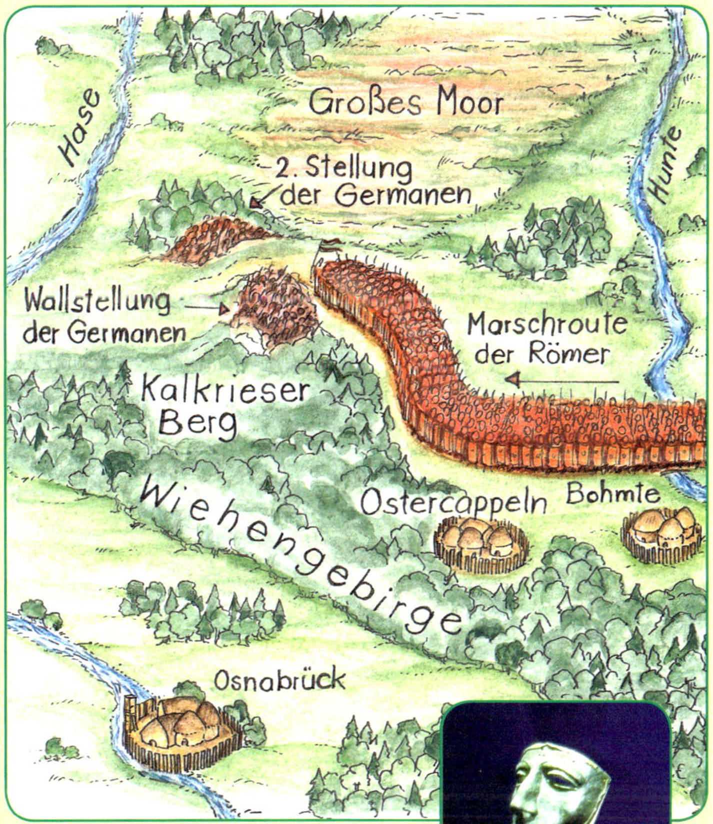

Das Leinebergland

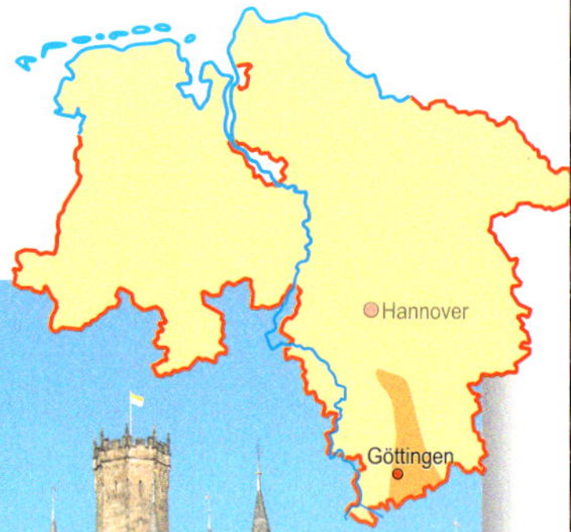

Die Leine entspringt in Thüringen und fließt in Niedersachsen durch das Leinebergland in Richtung Norden. Über eine lange Strecke wird der Fluss auf beiden Seiten von bewaldeten Höhenzügen begleitet.

Landschaft im Leinebergland

Marienburg

Verkehrsweg Leinetal

Überschwemmung im Leinetal

Schon vor 2000 Jahren verlief im Leinetal eine bedeutende Handelsstraße von Süden nach Norden. Im Abstand von 10 bis 15 Kilometern wurden früher Rastplätze angelegt. Daraus entwickelten sich die Städte Göttingen, Northeim, Einbeck und Alfeld. Auf den Bergen wurden Burgen errichtet, die die Händler auf den Handelsstraßen schützen sollten.

Das Leinebergland ist eine abwechslungsreiche Landschaft, in die häufig Touristen reisen. Sie wandern und radeln gern in den Wäldern und an zahlreichen kleinen Flussläufen entlang. Viele Menschen besuchen die Höhlen, Klippen und Burgruinen oder das Schloss Marienburg bei Nordstemmen.

In die Leine münden viele Flüsse aus dem Harz. Fällt dort viel Regen oder setzt die Schneeschmelze ein, kann es sehr schnell zu Hochwasser in der Leine kommen. Der Fluss tritt dann über die Ufer, überschwemmt das Tal und beschädigt Gebäude und Verkehrswege. Talsperren am Harzrand und Regenrückhaltebecken schützen weitgehend vor Hochwasser.

1. Nennt Städte, die an der Leine liegen und die Namen der Höhenzüge des Leineberglandes.

2. Wie heißen die Nebenflüsse der Leine, die aus dem Harz kommen?

Einbeck ist eine der bedeutendsten Fachwerkstädte Norddeutschlands. Gleichzeitig ist Einbeck eine der bekanntesten Bierbrauerstädte. Schon vor fast 700 Jahren wurde der Bierhandel in Urkunden erwähnt.
Das Bier wurde in Bürgerhäusern mit Brauberechtigung gebraut, aber die Sudpfannen mussten vom Rat der Stadt für Geld ausgeliehen werden. Sie wurden durch die breiten Toreinfahrten in die Häuser gebracht.
Die Dächer sind hoch und steil und haben gut belüftete Böden. Dort wurden früher Hopfen, Malz und Gerste für das Brauen gelagert. In den Kellern wurden die Bierfässer aufbewahrt.
Viele Touristen besuchen Einbeck, um sich die schönen Fachwerkhäuser anzusehen.

Fachwerkhäuser in Einbeck

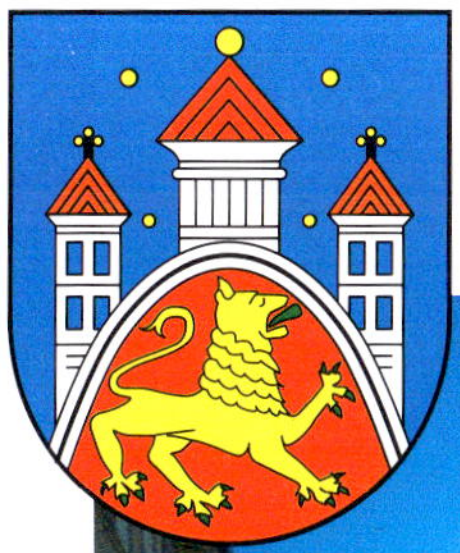

Göttingen

Das alte Rathaus am Marktplatz

Forschungslabor

Universitätsbibliothek

In einer Urkunde aus dem Jahr 953 wurde das kleine Dorf im Leinetal Gutingi genannt. Innerhalb von 300 Jahren entwickelte sich dieses Dorf zur Stadt Göttingen. Im Schutz der Stadtmauern waren Bürgerhäuser, Kirchen und ein Rathaus entstanden. Durch erfolgreichen Handel wurde die Stadt im Mittelalter reich und immer größer. Sie gehörte über 200 Jahre zur Hanse. Göttingen lag verkehrsgünstig am alten Nord-Süd-Handelsweg durch das Leinetal. Viele Fernhändler kamen hier vorbei. Sie kauften Göttinger Woll- und Leinenstoffe ein, die in andere Hansestädte, z. T. sogar bis Russland, verkauft wurden.

Nach den schweren Schäden des Dreißigjährigen Krieges und vielen Veränderungen im Lande war Göttigen arm und bedeutungslos. Das änderte sich durch die Gründung der Universität. 1737 wurde sie eröffnet und nach dem Landesherren, König Georg August von England und Kurfürst von Hannover, Georgia Augusta genannt. Bald gehörte sie zu den bekanntesten deutschen Universitäten. Berühmte Professoren arbeiteten hier mit ihren Studenten, zum Beispiel die Sprachforscher und Märchenschreiber Jacob und Wilhelm Grimm, der Mathematiker Carl Friedrich Gauß und bis heute noch viele andere. Deshalb ist Göttingen weiterhin als Universitätsstadt bekannt, in der Lehre und Forschung, Professoren und Studenten eine große Rolle spielen.

Göttingen hat heute ungefähr 122 000 Einwohner, davon sind fast 24 000 Studierende aus dem In- und Ausland, 13 000 Mitarbeiter der Universität und 500 Professoren.

Die Universität musste mehrfach vergrößert werden. In den Jahren 1967 bis 1973 entstand ein großes und modernes Universitätsviertel.

Geblieben ist aber ein etwa 100 Jahre alter Brauch der Studenten: Wer in Göttingen sein Studium erfolgreich beendet hat, küsst am Marktbrunnen die Figur des Mädchens mit den Gänsen, das Gänseliesel.

SPEZIAL

Römerlager Hedemünden

Bei Hedemünden im Kreis Göttingen liegt das einzige in Niedersachsen nachgewiesene Römerlager. Es ist das am weitesten im Osten errichtete Lager in Germanien, das bislang entdeckt wurde. Die Römer benötigten für ihre Feldzüge im germanischen Gebiet diese Lager, damit sie Nahrungsmittel, Ausrüstungsgegenstände und Ersatzteile herstellen und lagern konnten. Außerdem mussten sie Tausende von Soldaten verpflegen und unterbringen. Lager errichteten die Römer an Straßen neben Flüssen.

Schon 1855 fand man in der Nähe von Hedemünden in Resten von Tongefäßen römische Münzen. Nach dem Vergleich mit Münzen von anderen Fundorten, z. B. Kalkriese, muss es sich bei einer Münze um eine aus der Zeit von Kaiser Augustus (27 v. Chr. bis 14 n. Chr.) handeln. Forscher aus Göttingen entdeckten 2004 ein römisches Marsch- und Versorgungslager auf dem Burgberg bei Hedemünden. Sie fanden fünf Teile des Lagers und darin 700 Metallgegenstände: Drehmühlen, Waffen, Werkzeuge, Wagenteile, Pferdezuggeschirr, Nägel, Sicheln und Münzen. Reste von Brennmaterial zeigen, dass die Römer hier Metall geschmolzen und verarbeitet haben.

Es wird noch lange dauern, bis alle Ausgrabungen abgeschlossen sind. Bei Führungen kann man die bisherigen Funde schon besichtigen.

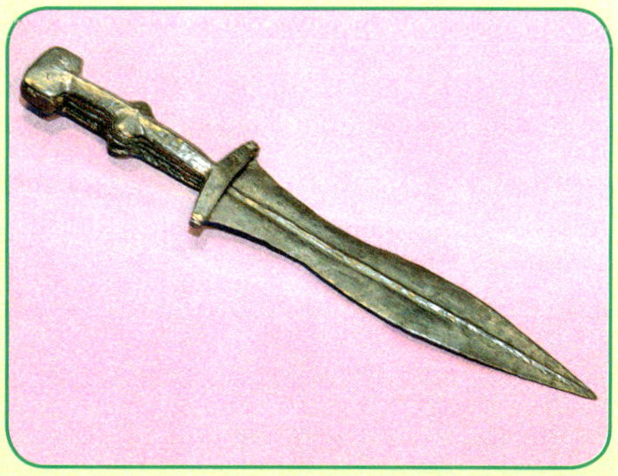

Fremdenverkehr im Harz

Nordic-Walking

Wildwasserkajak

Mountainbiker

Harzer Hexen-Stieg

Skisprungschanze im Winter

Viele Menschen besuchen den Harz, um sich dort zu erholen. Naturfreunde, Sportler oder Kurgäste zieht es aus den großen Städten in die Natur. Man kann die Orte am Harzrand auf gut ausgebauten Straßen und mit der Bahn schnell erreichen.
Viele Besucher kommen nur für einen Tag. Sie reisen aus dem Umland an und nutzen den Harz als Naherholungsgebiet.

1 Schaut auf der Karte 38/39 nach, welche Verkehrswege aus den großen Städten Niedersachsens in den Harz führen.

Der Oberharz ist mit seinen hohen Bergen für viele Besucher aus dem norddeutschen Flachland, aber auch aus Dänemark und den Niederlanden ein attraktives Urlaubsziel.
Die meisten Touristen wollen im Mittelgebirge wandern. Die gut ausgebauten Wanderwege sind insgesamt mehr als 8000 Kilometer lang. Eine Wandertour ist besonders beliebt: Auf dem „Harzer Hexen-Stieg“ kann man das Gebirge von Westen nach Osten in sieben Tagestouren mit Brockenüberquerung durchwandern.
Im Harz liegt im Winter oft Schnee. Besonders am Wochenende kommen dann zahlreiche Wintersportler. Ihnen wird ein vielfältiges Sport- und Veranstaltungsprogramm geboten.

Langlauf

Ski alpin

Kinder rodeln

Der Harz ist eine wichtige Fremdenverkehrsregion in Niedersachsen. Er bietet den Besuchern eine waldreiche Berglandschaft, reine Luft, Ruhe, Naturerlebnisse und Sehenswürdigkeiten. Viele Menschen möchten sich hier erholen oder wieder gesund werden. Sie finden in den ehemaligen Bergbauorten Kureinrichtungen, Hotels und Gästezimmer.

Oft ist der Harz das Ziel von Ausflügen und Klassenfahrten. Im Nationalpark werden die Besucher über Lebensräume, Tiere und Pflanzen informiert. Es gibt Moore, Höhlen und Besucherbergwerke zu entdecken. Für die Freizeit stehen auch viele Sport- und Spieleinrichtungen bereit. Übernachten können die Gruppen in zahlreichen Jugendherbergen und Freizeitheimen.

Der Harz hat viele attraktive Angebote. In allen Jahreszeiten kann man auf steilen oder bequemen Wegen wandern. Im Sommer sind Touren mit dem Mountainbike oder Wassersport möglich. Für die Wintersportler gibt es Abfahrtshänge, Langlauf-Loipen und Rodelbahnen. Über das gesamte Jahr können Gäste Ferienwohnungen in den Harzorten mieten.

Carl Friedrich Lessing (1808 – 1880), „Harzlandschaft" 1870.

Tourismus ist heute im Harz eine wichtige Einnahmequelle. Das war nicht immer so. Früher reisten nur wenige Menschen in den Harz. Damals gab es noch keine angelegten Wanderwege oder bequeme Unterkünfte für Gäste. Aber die wilde Naturlandschaft beeindruckte die Reisenden sehr.

Zu den berühmten Harzreisenden gehörte auch der Dichter Johann Wolfgang von Goethe. Er war 1777, 1783 und 1784 im Harz. Die Eindrücke und Erfahrungen beschreibt er in Reisenotizen und im Gedicht „Harzreise im Winter".

Auch der Dichter Heinrich Heine wanderte 1821 vier Wochen durch den Harz und schrieb das Buch „Die Harzreise". Damals erlebten Harzreisende noch Abenteuer und waren der Natur ausgeliefert. Von den Sagen des Harzes waren sie begeistert. Der Brocken als Mittelpunkt dieser Geschichten war für sie der Höhepunkt der Reise. Auch viele Maler wählten für ihre Bilder Ansichten aus dem Harz aus, oft mit der Sicht auf den Brocken.

SPEZIAL

Der Brocken

Mit 1142 Metern ist der Brocken die höchste Erhebung des Harzes. Er liegt auf dem Gebiet von Sachsen-Anhalt, ist aber durch seine Höhe und die weit nach Norden vorgeschobene Lage auch von Niedersachsen aus gesehen der beherrschende Berg des Harzes.

Die starken Winde aus Nordwest und die hohen Niederschlagsmengen verhindern, dass sich ein geschlossener Wald bilden kann. Dafür gibt es ausgedehnte Hochmoore.

Der Brocken wird auch Blocksberg genannt. Er ist Schauplatz vieler Sagen und ein beliebtes Ausflugsziel.

2 Schaut auf der Karte auf Seite 39 nach, mit welchem Verkehrsmittel ihr auf den Brocken gelangen könnt.

Bergbaumuseen im Harz

Goslar

Ausgebauter Stollen

Kehrrad

Bergmann schiebt Hunt unter Tage

Der Harz war ein unbesiedeltes Waldgebirge, bis am Harzrand vor über 1000 Jahren zufällig Silbererz entdeckt wurde. Bergleute erforschten dann das Gebirge und fanden reiche Vorkommen an Blei, Kupfer, Silber und anderen wertvollen Metallen. Sieben Bergstädte wurden im Oberharz gegründet. Der Abbau der Erze brachte den adeligen Grundherren großen Reichtum. Die Bergleute mussten immer wieder technische Probleme lösen und machten dabei neue Erfindungen.
Heute ist die Bergbauzeit im Harz vorbei. Die Erze sind abgebaut. Im Rammelsberg bei Goslar wurde mehr als 1000 Jahre Bergbau betrieben. Die gesamten Anlagen sind seit 1988 stillgelegt und dienen heute als riesiges Industriemuseum. Seit 1992 gehören die Altstadt Goslars und die Bergwerksanlagen am und im Rammelsberg zum UNESCO-Weltkulturerbe.
Auch andere Bergbauorte haben ihre stillgelegten Bergwerke zu Museen umgebaut. Die Besucher können „unter Tage“ in gesicherten Bereichen große Wasserräder in den Stollen besichtigen oder sehen, wie die „Fahrkunst“ funktioniert. Das ist ein wassergetriebenes Holzgestänge, über das die Bergleute früher schneller und kraftsparender als mit Leitern an ihren Arbeitsplatz oder zurück gelangten.

Fahrkunst

SPEZIAL

Urwald im Nationalpark

Nationalpark Harz

Der Nationalpark Harz wurde 1994 gegründet. Die Mitarbeiter und Experten des Nationalparks führen Besuchergruppen durch die Bergwildnis. Sie erklären in den Nationalparkhäusern den besonderen Lebensraum im Oberharz mit seinen seltenen Pflanzen und Tieren.
Im Nationalpark wurden im Jahre 2000 erfolgreich Luchse ausgewildert. Diese scheuen Großkatzen waren seit 1818 im Harz ausgestorben.

1 Findet den Nationalpark Harz auf der Karte auf den Seiten 18/19.

Luchs

Talsperren im Harz

Die Staumauer des Okerstausees

Oderteich

Die erste Talsperre Deutschlands wurde 1721 im Harz fertiggestellt: der Oderteich. Das aufgestaute Wasser wurde genutzt, um die Wasserräder der Bergwerke anzutreiben. Wasserräder trieben in den Bergwerken die verschiedensten Einrichtungen an, die die Arbeit erleichterten, z. B. Förderkörbe, Pumpen usw.
Bis 1898 gab es in Deutschland keine größere Talsperre als den Oderteich. Heute gibt es im niedersächsischen Teil des Harzes sechs moderne Talsperren. Sie wurden am Harzrand in den tiefen und lang gestreckten Tälern der Flüsse gebaut.

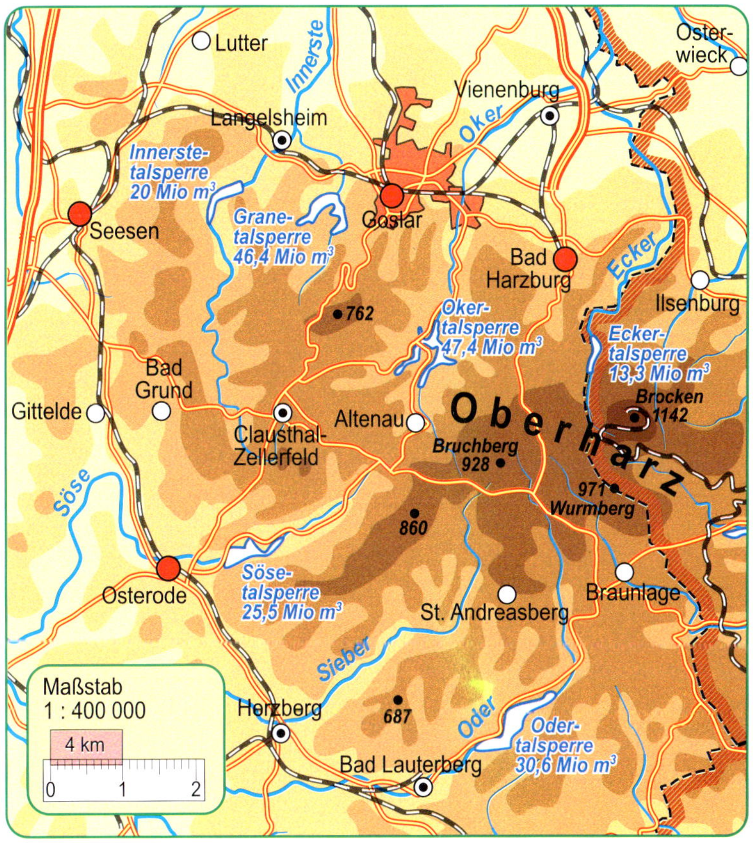

1 Findet in der Karte die Talsperren. Nennt den Namen der größten Talsperre.

Talsperren schützen vor Hochwasser. Im Harz regnet es häufiger und stärker als im übrigen Niedersachsen. Der felsige Untergrund aus Granit und Schiefergestein lässt aber die Niederschläge kaum versickern. Das Wasser fließt rasch ab. Besonders bei Starkregen kommt es zu plötzlichem Hochwasser und zu Überschwemmungen in den Flusstälern des Harzvorlandes. Auch bei starker Schneeschmelze sind die Wassermassen eine Gefahr. In den Talsperren kann das Wasser gespeichert und in regenarmen Zeiten kontrolliert in die Flüsse abgegeben werden. So werden die Flüsse im Harzvorland vor dem Austrocknen bewahrt.

2 Schaut in der Tabelle nach, welche Aufgaben die einzelnen Talsperren erfüllen.

Name	Fertigstellung	Wassermenge in Millionen m³	Aufgaben
Sösetalsperre	1931	25,5	H, S, T
Odertalsperre	1934	30,6	H, S, E
Eckertalsperre	1942	13,3	H, S, T
Okertalsperre	1956	47,4	H, S, E
Innerstetalsperre	1966	20,0	H, S, E
Granetalsperre	1969	46,4	H, S, T

H = Hochwasserschutz, S = Stromerzeugung, T = Trinkwasserversorgung,
E = Erholung (Angeln und alle Wassersportarten außer Motorboot)

3 Begründet, warum die modernen Talsperren am Harzrand entstanden, der alte Oderteich aber mitten im Oberharz liegt.

Das gestaute Wasser in den Talsperren hat eine sehr gute Qualität. Talsperren dienen daher der Trinkwasserversorgung. Viele Freizeitaktivitäten, insbesondere Wassersport, sind an Trinkwassertalsperren nicht erlaubt. Erholungssuchende Menschen können aber auf Wanderwegen die schöne Landschaft und die gesunde Luft an den Talsperren genießen.

Die Bundesländer

Die Bundesrepublik Deutschland besteht aus 16 Bundesländern. In ihnen leben etwa 82 Millionen Menschen. Die Hauptstadt ist Berlin.
Nach dem Zweiten Weltkrieg waren zwei deutsche Staaten entstanden: die Bundesrepublik Deutschland und die Deutsche Demokratische Republik.
Am 3. Oktober des Jahres 1990 vereinigten sie sich wieder zu einem Staat. Seitdem wird dieser Tag jedes Jahr als „Tag der Deutschen Einheit" gefeiert.

1 Notiert die Namen der Bundesländer, die an Niedersachsen grenzen.

2 Vergleicht die Flächengröße Niedersachsens mit anderen Bundesländern.

A
B
C
D
E
1
2
3
4
5
DÄNEMARK
Ostsee
Nordsee
Flensburg
Nordfriesland
Fehmarn
Rügen
Stralsund
Kiel
Helgoland
Nord-Ostsee-Kanal
Rostock
Lübeck
Schwerin
Mecklenburgische Seenplatte
Neubrandenburg
Stettin
Ostfriesland
Emden
Bremerhaven
Hamburg
Groningen
Oldenburg
Bremen
Lüneburger Heide
Elbe
Elbe-Seitenkanal
Prignitz
Havel
POLEN
Wittenberge
NIEDERLANDE
Oder
Oderbruch
Weser
Aller
Altmark
Stendal
Berlin
Potsdam
Frankfurt/O
Hannover
Mittellandkanal
Enschede
Osnabrück
Teutoburger Wald
Braunschweig
Arnheim
Hildesheim
Magdeburg
Fläming
Bielefeld
Münster
Ems
Weserbergland
Spree
Rhein
Münsterland
Börde
Dessau
Cottbus
Lippe
Harz
Paderborn
Hamm
Mulde
Duisburg
Essen
Dortmund
Göttingen
Halle
Ruhr
Krefeld
Hagen
Kassel
Leipzig
Elbe
Rothaargebirge
Hessisches
Thüringer Becken
Görlitz
Wuppertal
Düsseldorf
Dresden
Bergland
Erfurt
Jena
Gera
Elbsandsteingebirge
Köln
Chemnitz
Aachen
Sieg
Marburg
Werra
Thüringer Wald
Zwickau
Bonn
Westerwald
Saale
Erzgebirge
Vogelsberg
Fulda
Suhl
Plauen
Rheinisches Schiefergebirge
Lahn
Rhön
Eger
BELGIEN
Koblenz
Frankenwald
Hof
Eifel
Taunus
Frankfurt/M
Prag
Wiesbaden
Fichtelgebirge
Mosel
Mainz
Main
Spessart
Darmstadt
Würzburg
Bamberg
Oberpfälzer Wald
LUXEMBURG
Hunsrück
Pilsen
TSCHECHIEN
Trier
Odenwald
Steigerwald
Kaiserslautern
Mannheim
Fürth
Nürnberg
Ludwigshafen
Heidelberg
Fränkische Alb
Böhmerwald
Moldau
Saarbrücken
Schwäbisch-Fränkisches Stufenland
Pfälzerwald
Metz
Heilbronn
Regensburg
Bayerischer Wald
FRANKREICH
Karlsruhe
Schwäbisch-Fränkisches
Pforzheim
Ingolstadt
Stuttgart
Nancy
Rhein
Straßburg
Donau
Isar
Neckar
Passau
Schwarzwald
Schwäbische Alb
Ulm
Augsburg
Linz
Alpenvorland
Inn
Lech
Iller
München
ÖSTERREICH
Freiburg
Salzburg
Kempten
Allgäu
Alpen
Bodensee
Konstanz
Basel
SCHWEIZ
Zürich
Innsbruck
Städte
über 1 000 000 Einw.
500 000 – 1 000 000 Einw.
100 000 – 500 000 Einw.
unter 100 000 Einw.
Höhenstufen
über 2000 m
1500 – 2000 m
1000 – 1500 m
700 – 1000 m
500 – 700 m
300 – 500 m
200 – 300 m
100 – 200 m
0 – 100 m
unter 0 m
0
50
100 km
Maßstab 1 : 3 Mio.

Die Staaten Europas

Auf dem Kontinent Europa leben etwa 680 Millionen Menschen in über 40 Staaten.
In der Europäischen Union (EU) haben sich bisher 27 Staaten mit insgesamt 500 Millionen Einwohnern zusammengeschlossen.

1 Lege eine Tabelle an.

Land der EU	Hauptstadt	Int. Kfz-Zeichen
Deutschland	*Berlin*	*D*

2 Welche Hauptstädte sind am weitesten voneinander entfernt (Luftlinie)?

3 Benennt die Staaten, die an Deutschland grenzen.

Die Erde und ihre Kontinente

Den größten Teil der Erde nehmen die Ozeane und Meere ein. Die größten Ozeane sind der Pazifische Ozean, der Atlantische Ozean und der Indische Ozean.

1 Findet heraus, warum der Name „Pazifischer Ozean“ zweimal auf der Karte eingetragen wurde.

Die großen zusammenhängenden Landmassen werden Kontinente genannt. Auf der Erde gibt es insgesamt sechs Kontinente. Fünf davon werden von Menschen bewohnt: Afrika, Amerika, Asien, Europa sowie Australien mit Ozeanien. Der sechste Kontinent ist die Antarktis. Dieser Kontinent ist immer von Eis und Schnee bedeckt.

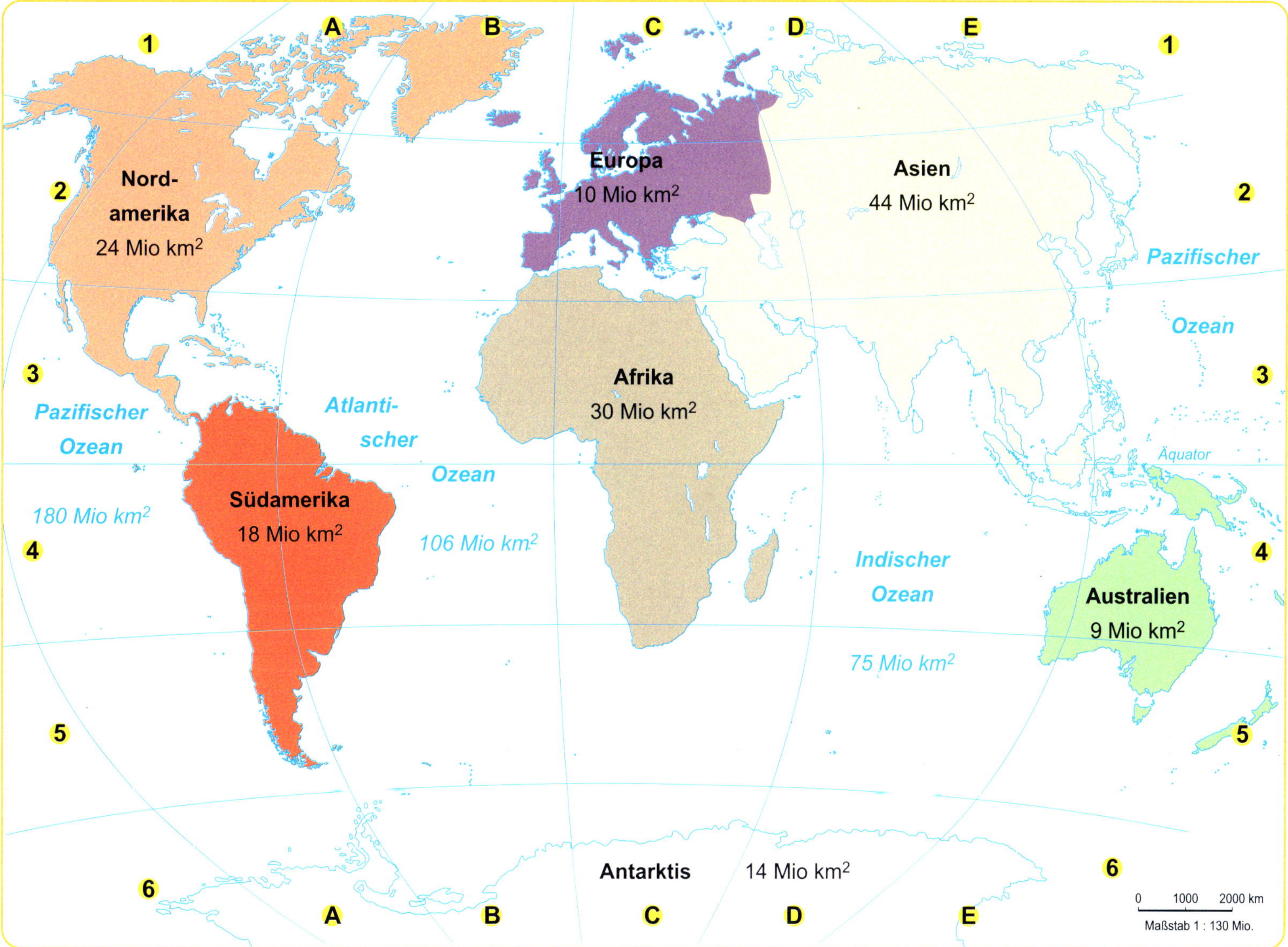

Früher glaubten die Menschen, dass die Erde eine Scheibe sei. Sie befürchteten hinunterzufallen, wenn sie zu dicht an den Rand kämen. Heute weiß man, dass die Erde eine Kugel ist. Wegen der Größe der Erde kann man ihre runde Gestalt im Alltag aber fast nie sehen. Nur am Meer kann man Anzeichen entdecken, dass die Erde eine Kugel ist.

2 Betrachtet die beiden Bilder. Welche Anzeichen entdeckt ihr, dass die Erde eine Kugel ist?

Die Staaten der Erde

Flaggen (Auswahl)

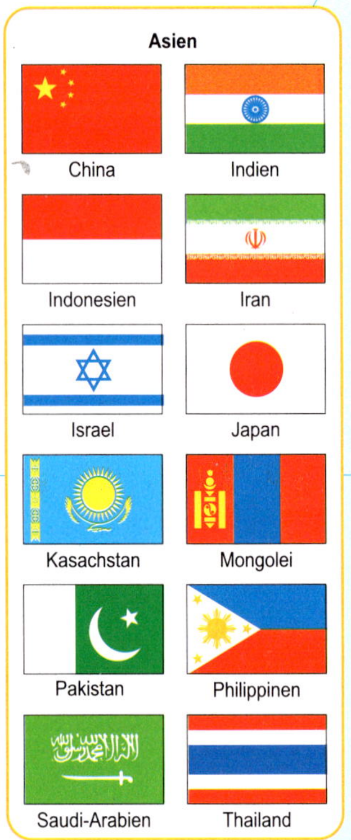

F
G
H
J
K
L
1
2
3
4
5
NORWEGEN
SCHWEDEN
FINNLAND
RUSSLAND
Moskau
Berlin
POLEN
DEUTSCH-LAND
Paris
FRANK-REICH
UKRAINE
RUMÄNIEN
Rom
ITALIEN
GRIECHEN-LAND
Algier
Tunis
TUNESIEN
Tripolis
LIBYEN
Kairo
ÄGYPTEN
GEORGIEN
Tiflis
TÜRKEI
SYRIEN
IRAK
Bagdad
Teheran
IRAN
KASACHSTAN
Astana
USBEKISTAN
Taschkent
KIRGISISTAN
TURKMENISTAN
TADSCHIKISTAN
Kabul
AFGHANISTAN
Islamabad
PAKISTAN
MONGOLEI
Peking
NORD-KOREA
Seoul
SÜD-
JAPAN
Tokio
CHINA
Neu-Delhi
NEPAL
INDIEN
BANGLA-DESCH
Pyinmana
MYANMAR
Hanoi
LAOS
THAI-LAND
Bangkok
VIETNAM
KAMBODSCHA
TAIWAN
Manila
PHILIPPINEN
Pazifischer
Ozean
Riad
SAUDI-ARABIEN
Abu Dhabi
UAE
Maskat
OMAN
Sana
JEMEN
Khartum
SUDAN
NIGER
TSCHAD
NIGERIA
Abuja
KAMERUN
Jaunde
ZENTRAL-AFRIKA
Addis Abeba
Dschibuti
ÄTHIOPIEN
SOMALIA
Mogadischu
UGANDA
Kampala
KENIA
Nairobi
GABUN
KONGO
Kinshasa
TANSANIA
Luanda
ANGOLA
SAMBIA
MOSAMBIK
SIMBABWE
NAMIBIA
Windhuk
BOTSWANA
Pretoria
Maputo
SÜDAFRIKA
Antananarivo
MADAGASKAR
Colombo
SRI LANKA
Indischer
Ozean
BRUNEI
MALAYSIA
Singapur
Äquator
INDONESIEN
Jakarta
PAPUA-NEUGUINEA
AUSTRALIEN
Canberra
NEUSEELAND
Wellington
Hauptstadt (Auswahl)
Staatsgrenze
0
1000
2000 km
Maßstab 1 : 70 Mio.
F
G
H
J
K
L

Landkarten – Werkstatt (1)

Höhenlinien und Höhenschichten

In der Natur sind Hügel und Berge als Erhebungen gut zu erkennen. Auf Karten müssen diese Geländeformen zeichnerisch in flacher Form dargestellt werden. Das kann durch Schraffierung und Schattierung geschehen oder durch unterschiedliche Farben. Eine sehr genaue Abbildung der Geländeform auf einer Karte ist mit Höhenlinien möglich. Jede Höhenlinie verbindet Messpunkte, die auf der gleichen Höhe liegen. Die Höhenzahl steht auf den Karten an der Höhenlinie. Je nach der Form des Berges verlaufen die Höhenlinien unterschiedlich. Wo mehrere Höhenlinien in engen Abständen eingezeichnet sind, steigt der Berg steil an. Wo die Linien weiter auseinander liegen, steigt der Berg flacher an.

Die Fläche zwischen zwei Höhenlinien wird Höhenschicht genannt. Auf vielen Karten sind nicht einzelne Höhenlinien eingezeichnet, sondern nur die Höhenschichten. Sie haben jeweils eine ganz bestimmte Farbe. In der Legende wird abgelesen, welche Höhe die Farbe anzeigt.

Berge mit Höhenlinien oder Höhenschichten darstellen

Mit einem Versuch kann die Entstehung einer Höhenlinienkarte gezeigt werden. Dazu braucht ihr eine große, möglichst unregelmäßig geformte Kartoffel, einen langen Nagel, Stifte, Zeichenpapier, eine Styroporunterlage und ein Messer.

Einen Kartoffelberg mit Höhenlinien darstellen:

1. Schneidet die Kartoffel in der Mitte durch. Sucht die Kartoffelhälfte aus, die wie ein interessant geformter Berg aussieht.
2. Schneidet den Kartoffelberg in Scheiben mit gleicher Breite.
3. Legt ein Stück Zeichenpapier auf die Styroporunterlage. Setzt den Kartoffelberg mit allen Scheiben darauf. Drückt einen Nagel von der Spitze des Berges durch alle Schichten bis in die Styroporunterlage.
4. Zeichnet den Umriss des Kartoffelberges an der untersten Scheibe auf das Papier.
5. Hebt den Kartoffelberg hoch, entfernt die untere Scheibe und steckt den Nagel wieder in das Loch in der Styroporplatte. Zeichnet den Umriss der nächsten Scheibe. Wiederholt dies mit allen übrigen Scheiben des Kartoffelberges.
6. Setzt den Kartoffelberg wieder zusammen und vergleicht seine Form mit der fertigen Höhenlinienkarte.

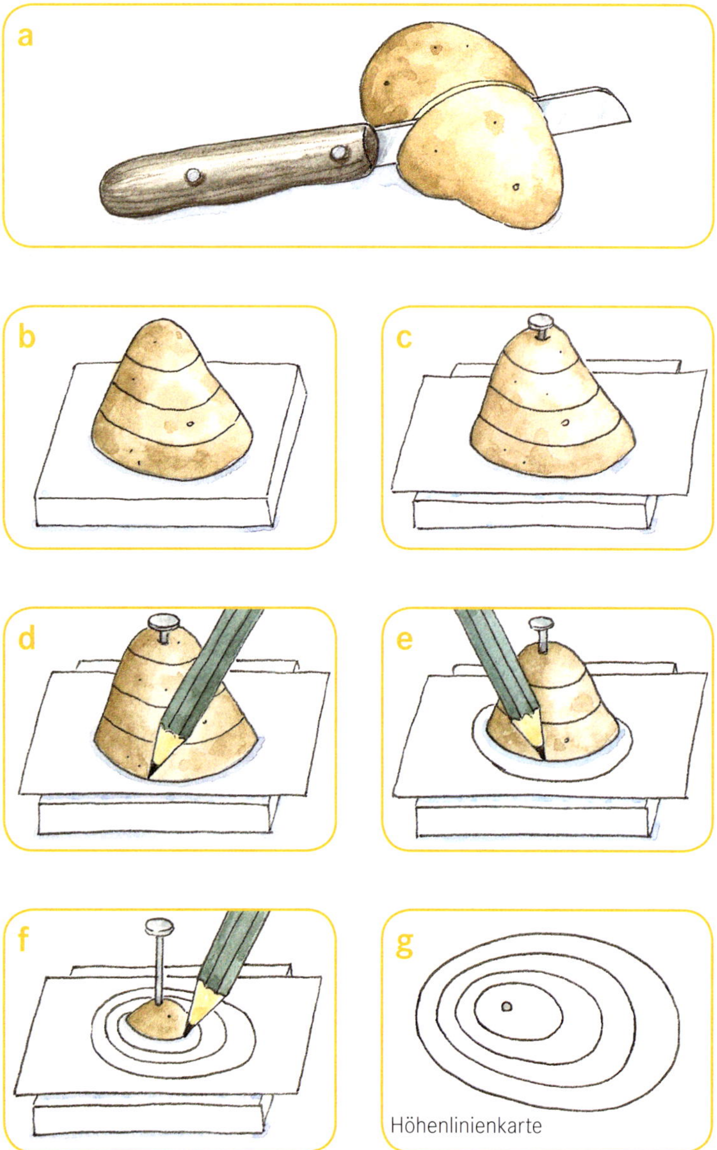

7. Wenn ihr eine Höhenschichtenkarte herstellen wollt, malt ihr am besten mit Wasserfarben die Schale der Kartoffelscheiben mit verschiedenen Farben an. Mit den gleichen Farben werden die Flächen zwischen den Höhenlinien angemalt.

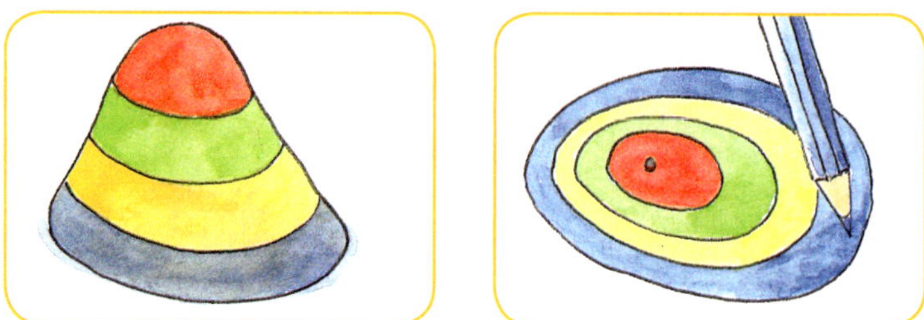

Höhenstufen und Landschaftsprofil

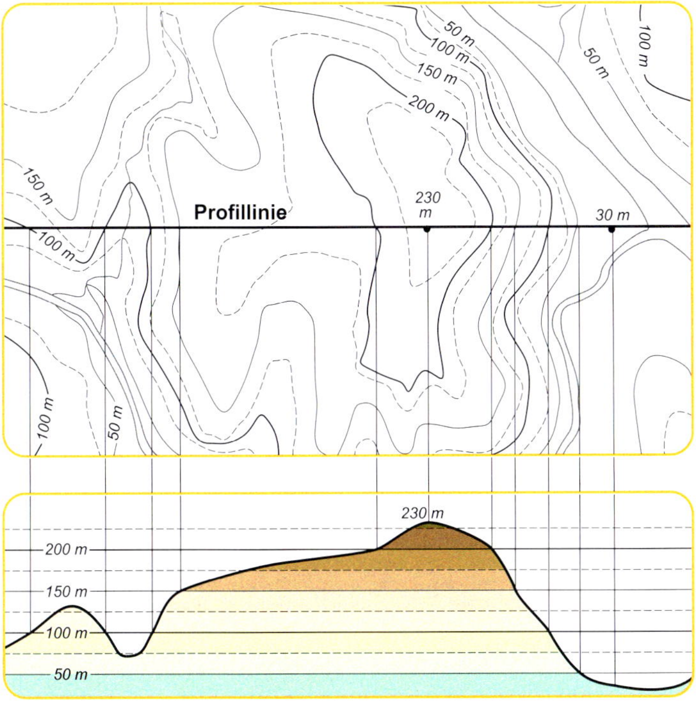

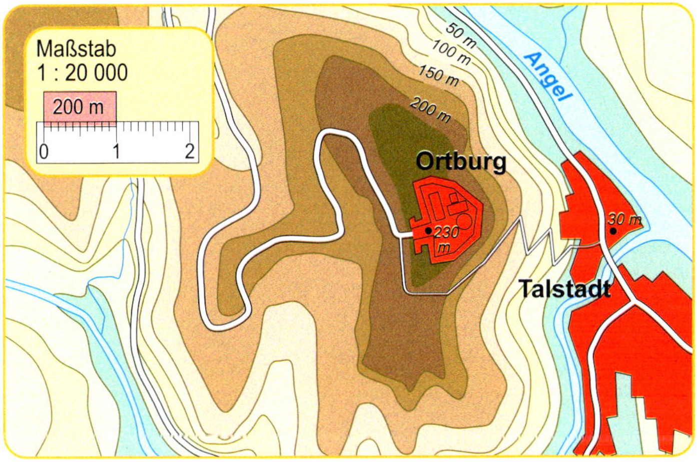

Mit Hilfe von Karten mit Höhenlinien oder Höhenschichten kann man Profile zeichnen. Ein Profil zeigt von der Seite, wie eine Landschaft entlang einer Linie flach oder steil ansteigt oder abfällt. Ein Profil verdeutlicht die Oberfläche einer Landschaft.

Höhenschichten lesen

Die verschiedenen Landschaften Niedersachsens haben verschiedene Höhenlagen. Wie wird das auf den Karten dargestellt? Die Zeichenerklärung zeigt, dass die Höhenlagen zu Höhenstufen zusammengefasst werden. Das heißt, dass alle Landschaften und Landschaftsteile, die z. B. 10 bis 20 Meter über dem Meeresspiegel liegen, mit hellgrüner Farbe in die Karten eingezeichnet worden sind. Den verschiedenen Höhenstufen werden verschiedene Farben zugeordnet. Eine Ausnahme sind die mit Rot markierten Siedlungsflächen. Sie geben keine Höhenlage an, sondern wo Wohn- und Industriegebiete mit vielen Häusern und zahlreichen Straßen liegen. Die Höhenlagen der Städte und Orte entsprechen in der Regel den Höhenlagen der umgebenden Landschaften.

Höhenstufen und Höhen (in Metern)

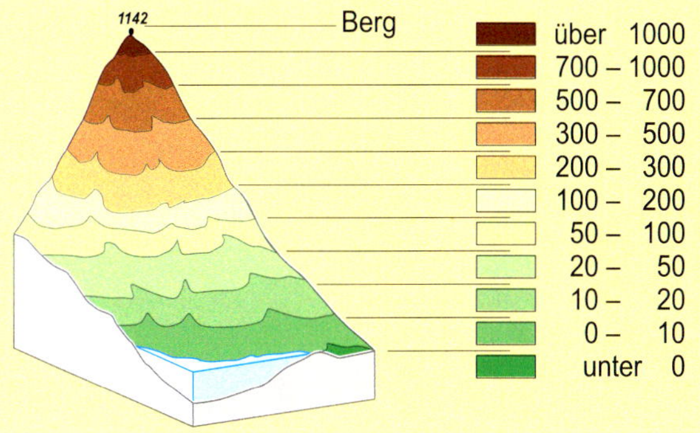

1. Findet Landschaftsteile auf der Niedersachsenkarte auf Seite 8/9, die unter dem Meeresspiegel liegen.
2. Wo sind auf der Karte Seite 8/9 die am höchsten liegenden Landesteile zu finden? Nennt die Höhenstufe und den höchsten Berg Niedersachsens.
3. Findet mit Hilfe der Karte auf Seite 8/9 heraus, in welcher Höhenstufe folgende Städte liegen: Nordenham, Helmstedt und Bad Harzburg.

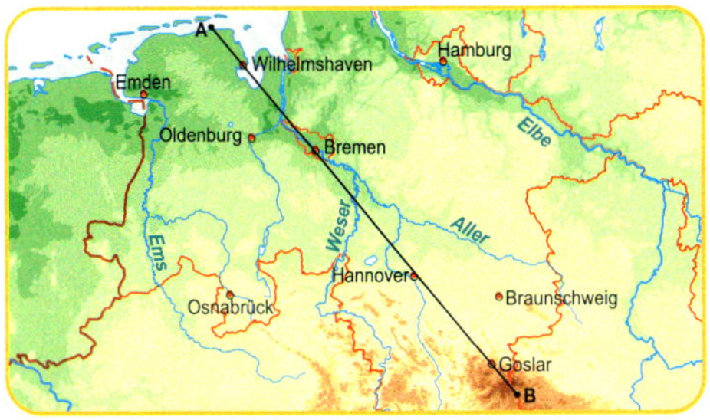

Landschaftsprofil Niedersachsen: Wilhelmshaven – Goslar

Ein Profil soll zeigen, wie das Land entlang einer festgelegten Linie ansteigt oder abfällt. Bei Landschaftsprofilen, die lange Strecken darstellen, werden die Höhenunterschiede „übertrieben“ dargestellt, damit man die Unterschiede besser erkennen kann.

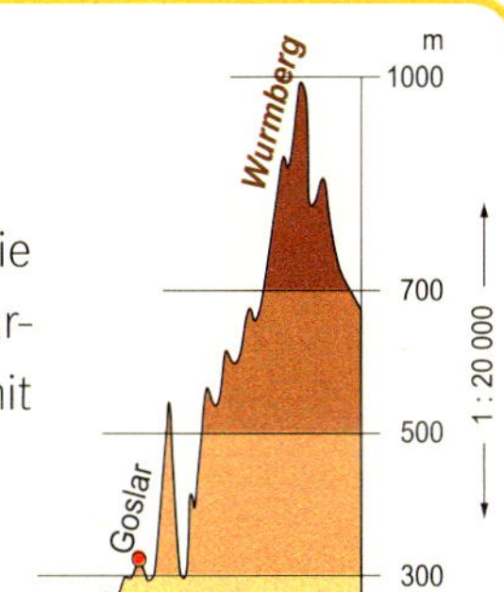

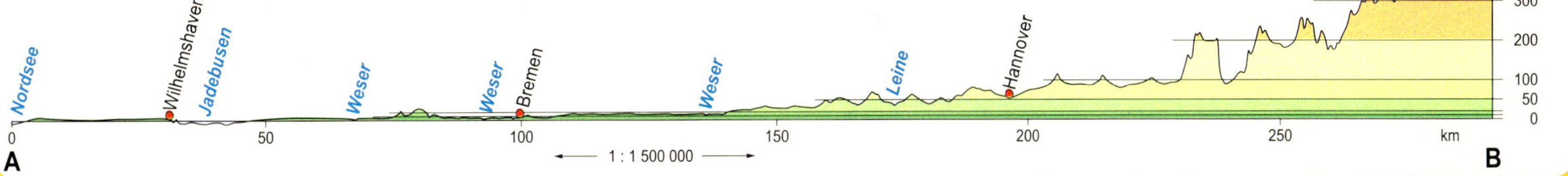

Landkarten – Werkstatt (2)

1 Gezielt suchen und finden – Arbeiten mit dem Ortsregister

Anna und Tim möchten in einer Karte nachsehen, wo Borkum liegt. So gehen sie vor:

1. Das Ortsregister ab Seite 60 aufschlagen.
2. Auf der Seite 68 erst nach dem Buchstaben B und dann nach dem Namen Borkum suchen.
3. Gefunden! Hinter dem Namen Borkum steht die Angabe 8/9 C2. Das bedeutet: Borkum ist auf Seite 8/9 im Planquadrat C2 zu finden.

Borchen	8/9 G10	Coesfeld	8/9 D9
Borculo	8/9 C8	Coevorden	8/9 C6
Borgentreich	8/9 H10	Colombo	60/61 H3
Borger-Odoorn	8/9 C5	Coppenbrügge	8/9 J8
Borken	8/9 C9	Costa Rica	60/61 C3
Borkum	8/9 C2	Cottbus	57 E3
Borne	8/9 C7	Cremlingen	8/9 L7

4. Anna und Tim schlagen die Seite 8/9 auf. Am oberen Rand und am unteren Rand der Landkarte sind Buchstaben von A bis N von links nach rechts in blauen Pfeilspitzen angegeben. Am linken und rechten Rand sind Zahlen von 1 bis 11 eingetragen. Die Karte hat ein Gitternetz aus senkrechten und waagerechten Linien. Die Buchstaben bezeichnen die senkrechten Streifen, die Zahlen die waagerechten Streifen.

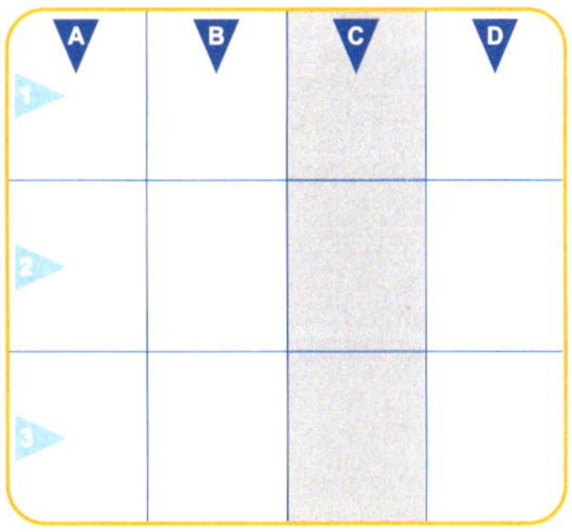

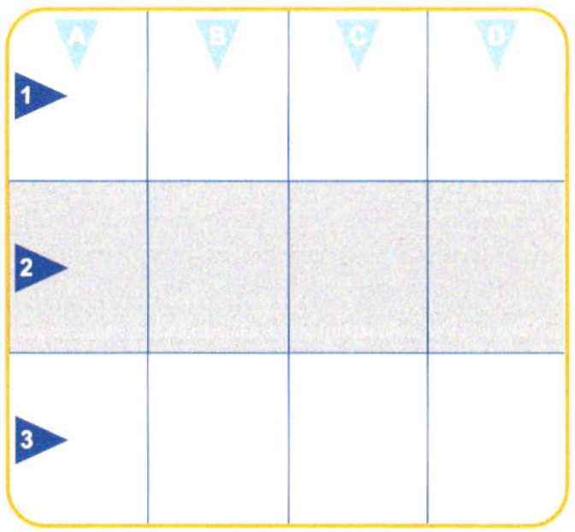

5. Jetzt suchen die Kinder das Planquadrat C2. Es liegt dort, wo sich der senkrechte Streifen C und der waagerechte Streifen 2 überlagern. In diesem Planquadrat ist die Stadt Stade eingezeichnet.

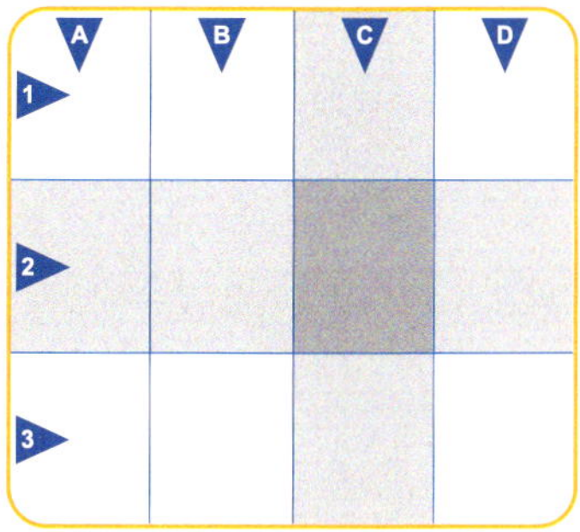

6. Geschafft! Jetzt können die Kinder Borkum und seine Lage in Niedersachsen sehen und erkennen: Borkum liegt im nordwestlichen Teil Niedersachsens an der Emsmündung.

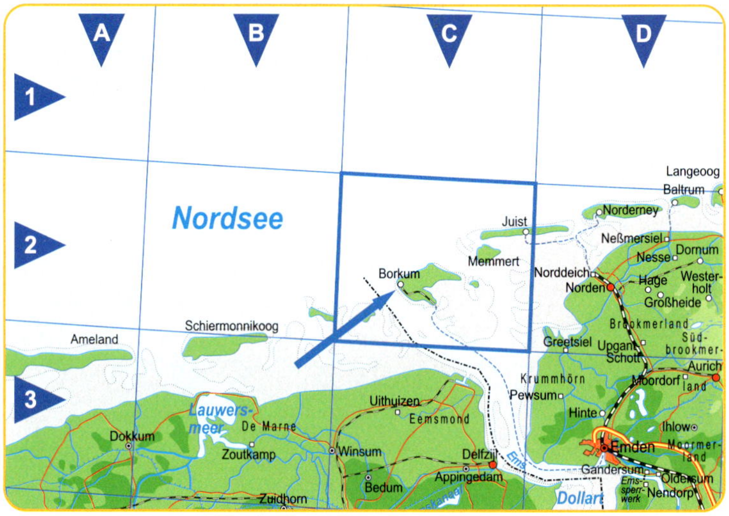

7. Übt das Finden von Städten, Flüssen und Landschaften auf den Niedersachsenkarten. Stellt euch gegenseitig Aufgaben, zum Beispiel „Wo liegt Wolfsburg?“ oder „Wo fließt die Aller?“
TIPP: Auf diese Weise könnt ihr auch Länder auf der Europakarte und auf der Weltkarte finden.

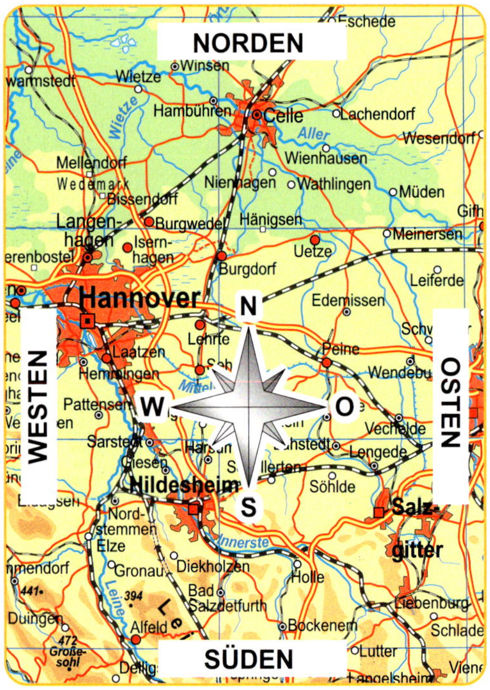

2 Himmelsrichtungen

Landkarten werden in der Regel so gezeichnet, dass sie „eingenordet“ sind. Das heißt: Norden ist am oberen Kartenrand, Süden am unteren, Westen am linken und Osten am rechten Kartenrand. Die Windrose verdeutlicht die Himmelsrichtungen, nach denen wir uns orientieren.

In Ausnahmefällen werden aber auch Landkarten und Pläne gezeichnet, die nicht eingenordet sind. In diesem Fall gibt ein Nordpfeil an, wo auf dieser Landkarte die Himmelsrichtung Norden zu finden ist.

Nutzt für Lagebeschreibungen von Städten, Flüssen usw. die Himmelsrichtungen, z. B. „Der Harz liegt im Südosten von Niedersachsen“ oder „Wolfsburg liegt östlich von Hannover“.

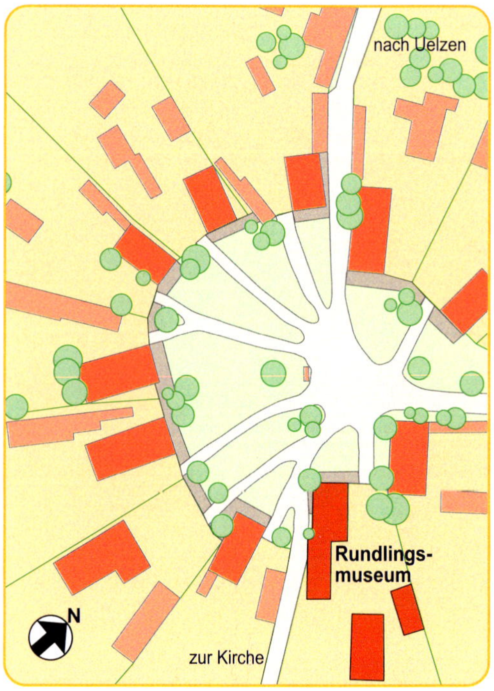

3 Karten einnorden

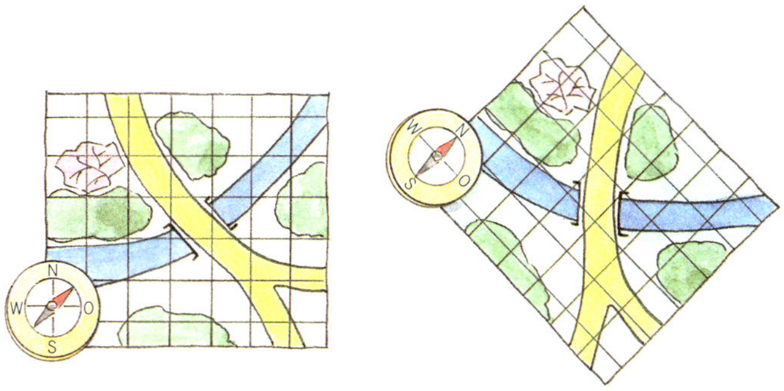

A Karten nach Geländemerkmalen einnorden

1. Wählt Merkmale im Gelände aus und findet sie auf der Karte.
2. Richtet die Karte so aus, dass die Lage der Merkmale auf der Karte mit denen im Gelände übereinstimmt.

B Karten mit Kompass einnorden

1. Legt den Kompass auf die Karte und richtet ihn nach dem Gitternetz oder den Seitenrändern aus.
2. Dreht Karte und Kompass so, dass das farbige Ende der Nadel auf Norden zeigt.

Die Zeichenerklärung – unverzichtbar beim Kartenlesen

Jede Karte enthält viele verschiedene Zeichen und Farben. Um eine Karte lesen zu können, müssen alle verwendeten Zeichen erklärt werden. Deswegen hat jede Karte eine Zeichenerklärung, die auch Legende genannt wird. Jedes Zeichen steht nicht für eine einzelne Gegebenheit, sondern für eine Gruppe von Gegebenheiten. Zum Beispiel das „•" steht nicht nur für die Stadt Lingen, sondern für alle Städte, die zwischen 50 000 und 100 000 Einwohner haben. Wenn man in einer Karte etwas nachschauen oder überprüfen will, muss immer in der Zeichenerklärung nachgesehen werden, was das jeweilige Zeichen bedeutet.

Städte/Gemeinden	***Einwohner***
Hannover	über 500 000
Göttingen	100 000 – 500 000
Lingen	50 000 – 100 000
Melle	20 000 – 50 000
Jork	10 000 – 20 000
Hoya	unter 10 000
Pewsum	Ortsteil
Sassenburg	Einheitsgemeinde ohne Ortskern, Gemeindeverbund

Grenzen

	Staatsgrenze
	Landesgrenze

Verkehrswege

	Eisenbahn-Hauptstrecke
	Eisenbahn-Nebenstrecke
	Autobahn
	Fernstraße
	Kanal
	Fähre

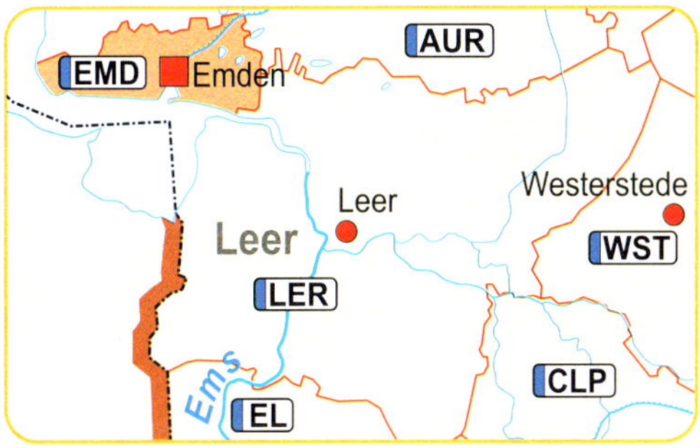

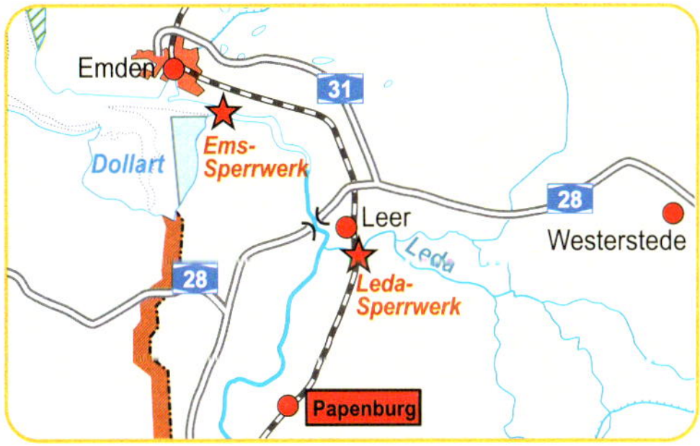

1. Schlagt die Karte auf Seite 4/5 auf und schaut nach, wie viele Orte es mit 50 000 bis 100 000 Einwohnern in Niedersachsen gibt. Notiert die Namen.
2. Findet auf der Karte die Städte Westerstede und Gifhorn mit Hilfe des Ortsregisters. Stellt fest, ob diese Städte an Autobahnen liegen.
3. Nennt Verkehrswege, die die Städte Wolfsburg und Osnabrück sowie Cuxhaven und Hannover verbinden.
4. Schaut auf der Karte auf Seite 4/5 nach, ob die westliche Grenze von Niedersachsen eine Staatsgrenze oder eine Landesgrenze ist.

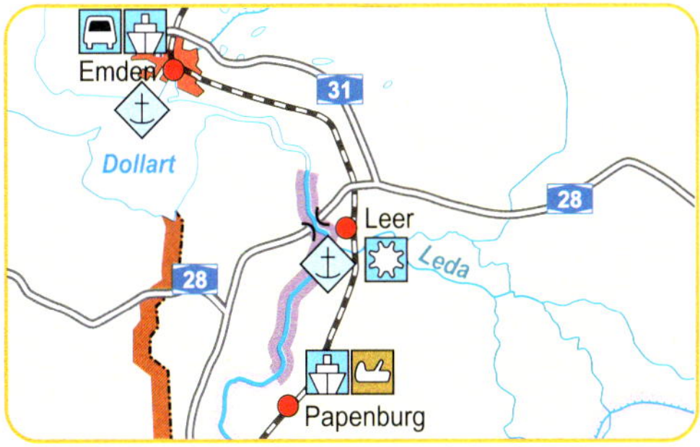

5. Sucht die drei Kartenausschnitte im Buch. Erklärt mit Hilfe der Zeichenerklärungen, was die Symbole bedeuten.

Landkarten – Werkstatt (3)

Entfernungen bestimmen

Auf jeder Karte findest du in der Zeichenerklärung (Legende) eine Maßstabangabe oder eine Maßstableiste. Der Maßstab zeigt dir das Verkleinerungsverhältnis, das der Kartenzeichner festgelegt hat. Du kannst mit Hilfe des Maßstabs die Entfernung von einer Stadt zur anderen recht genau berechnen, wenn du ein Lineal benutzt. Probiere es aus mit der Strecke von Meppen nach Lastrup. Schlag dazu die Seite 8 auf. Hier ist Niedersachsen im Maßstab von 1 : 1 000 000 abgebildet.

1. Sucht die beiden Städte. Das Ortsregister hilft euch dabei.
2. Mit dem Lineal könnt ihr die Strecke von Meppen nach Lastrup in Zentimetern messen. Es sind etwa 4 Zentimeter.
3. Der Maßstab in der Legende sagt euch, dass 1 Zentimeter 10 Kilometern in der Natur entspricht. Wenn 1 cm in der Karte 10 km in der Natur entspricht, dann beträgt die Luftlinie von Meppen nach Lastrup 4 x 10 km = 40 Kilometer.

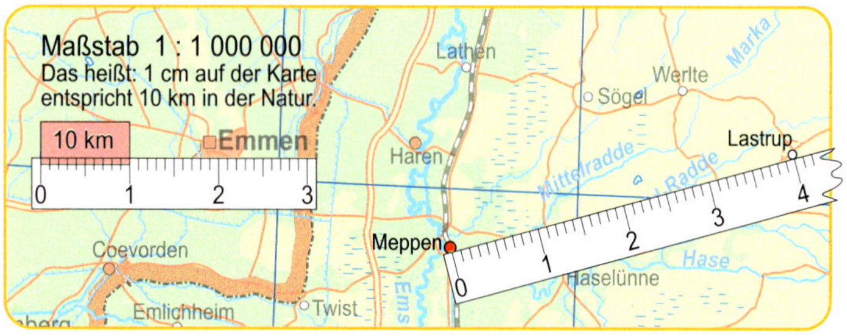

Auf manchen Karten ist in der Legende nur eine Maßstableiste angegeben. Wenn ihr ein Lineal unter die Leiste legt, könnt ihr ablesen, wie viele Millimeter oder Zentimeter einem Kilometer entsprechen.

4. Messt Strecken auf verschiedenen Karten. Berechnet mit Hilfe der Maßstäbe die Länge in Kilometern.

Entfernungen messen

So könnt ihr auf einer Karte die Entfernungen messen:

1. Schlagt die Karte auf Seite 8/9 in deinem Buch auf.
2. Messt die direkte Entfernung (Luftlinie) zwischen Bad Harzburg und Helmstedt. Benutzt dazu ein Lineal.
3. Lest die Entfernung mit Hilfe des Leitermaßstabes in der Legende auf Seite 9 unten rechts ab.
4. Messt nun die Strecke der Autobahn zwischen den beiden Städten.
5. Benutzt dazu einen Blumendraht, der entsprechend der Streckenführung gebogen wird.
6. Markiert den Anfangs- und Endpunkt der Strecke durch einen Knick im Draht.
7. Zieht den Draht nun gerade und ermittelt die Entfernung mit Hilfe des Leitermaßstabes in der Legende auf Seite 9 unten rechts.
8. Vergleicht die Entfernungen.

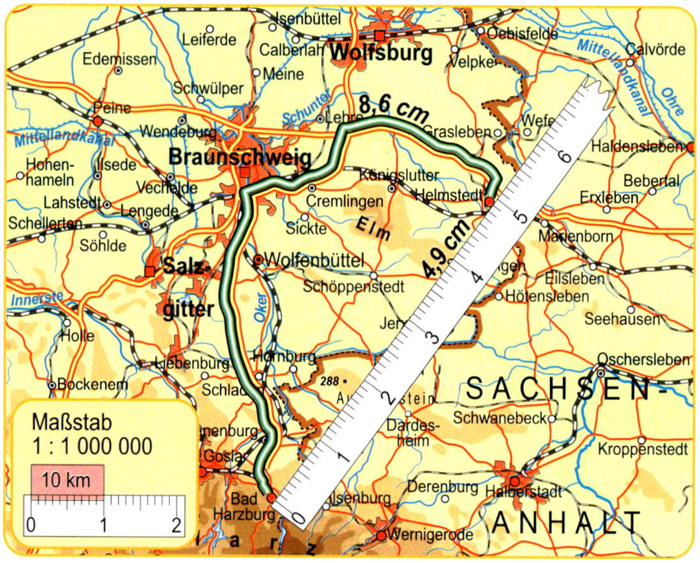

Karte erkunden

1. Nehmt eine Klarsichtfolie und zeichnet darauf einen Rahmen, 4 cm lang und 3,5 cm hoch. Das entspricht etwa der Größe eines Planquadrates der Karte.
2. Legt diese Folie auf ein Planquadrat der Karte von Niedersachsen auf Seite 8/9.
3. Beschreibt einem Tischnachbarn, welche Orte, Flüsse usw. in dem ausgesuchten Planquadrat liegen.
4. Dein Nachbar soll das Planquadrat auf der Karte finden und dir den Buchstaben und die Zahl zum Vergleichen nennen.

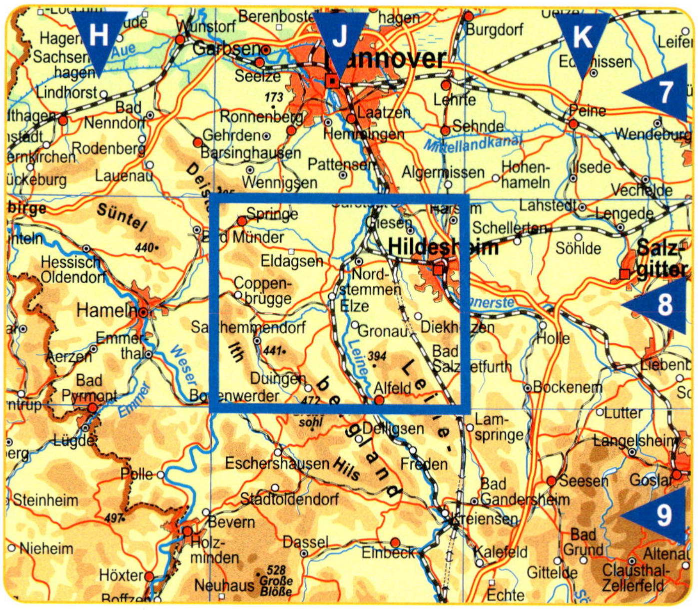

Rätselflüge – ein Spiel für Kinder

Mit Hilfe von Rätselflügen kann man sehr gut die Himmelsrichtungen, die Orientierung und die Arbeit mit Karten üben.

Rätselflug an der Nordseeküste

Schlagt die Karte 20/21 auf.
Ein Flugzeug startet in Cuxhaven, der nördlichsten Stadt Niedersachsens. Es folgt der Autobahn nach Süden, bis eine Hafenstadt erreicht ist, die zu einem anderen Bundesland gehört. Jetzt fliegt der Pilot nach Westen und überquert erst einen Fluss, der hier mit breiter Mündung ins Meer fließt, dann eine Halbinsel des Tieflandes und schließlich eine große Meeresbucht. Nun erreicht der Pilot eine Stadt am Meer mit bedeutenden Hafenanlagen. Der Flug geht entlang der Küste nach Norden über das Wattenmeer zur östlichen ostfriesischen Insel. Dann führt er nach Westen und über vier weitere Inseln. Von hier fliegt der Pilot wieder nach Süden. Er erreicht die Küste und folgt einer Bahnlinie bis zu einer Hafenstadt an einer großen Meeresbucht und Flussmündung.
Welche Orte liegen auf der Flugroute?

Rätselflug über große Städte

Schlagt die Karte auf Seite 8/9 auf.
Ein Flugzeug startet in Hannover. Es fliegt nach Westen über den größten Binnensee Niedersachsens und weiter bis an einen großen Fluss. Hier biegt es nach Norden ab und folgt dem Flusslauf bis zu einer Stadt, die nicht zu Niedersachsen gehört, sondern das kleinste deutsche Bundesland ist.
Jetzt fliegt das Flugzeug entlang der Bahnlinie nach Westen zur viertgrößten Stadt Niedersachsens. Danach geht der Flug nach Süden bis zu einer Großstadt an der Hase und weiter in östlicher Richtung entlang an einem bedeutenden Kanal. Es geht weiter nach Osten bis zur zweitgrößten Stadt Niedersachsens.
Welche Orte liegen auf der Flugroute?

Rätselflug durch das Bergland

Schlagt die Karte auf Seite 38/39 auf.
Ein Segelflugzeug startet in Holzminden. Es fliegt nach Osten über die Hänge eines Berglandes. Vom Flugzeug aus kann man die enge Bebauung einer alten Fachwerkstadt erkennen. Kurz danach ist ein Flusstal erreicht, in dem es viele Straßen- und Schienenwege gibt. Das Flugzeug fliegt in diesem Flusstal nach Süden. Es überfliegt eine berühmte Universitätsstadt und folgt einer Bahnlinie in südwestlicher Richtung. Das Flugzeug landet in der Stadt, in der zwei Flüsse zusammenfließen und ein neuer Fluss entsteht.
Welche Orte liegen auf der Flugroute?

Rätselflug über die Geest

Schlagt die Karte auf Seite 8/9 auf.
Ein Hubschrauber startet in Lüneburg. Er fliegt nach Süden an einer Bahnlinie entlang bis zu der Stadt mit dem bekannten Hundertwasser-Bahnhof. Von dort aus geht es weiter in südwestlicher Richtung zu einer alten Stadt. Der Fluss, der durch die Stadt führt, fließt in einem früheren Urstromtal. Der Pilot fliegt im Tal am Fluss entlang nach Westen, bis er auf eine Autobahn trifft, und er folgt ihr nach Norden. Nahe der Autobahn, auf der westlichen Seite, überfliegt er den höchsten Berg des Norddeutschen Tieflandes. Dann fliegt der Hubschrauber nach Nordosten bis zum Flugplatz zurück.
Welche Orte liegen auf der Flugroute?

1 Schlagt die Karte auf den Seiten 8/9, 20/21, 22/23 oder 38/39 auf und denkt euch selbst Rätselflüge aus.

Druck A [1] Jahr 2008
Alle Drucke der Serie A sind im Unterricht parallel verwendbar.

Redaktion: Uwe Tönnies; Manfred Rank
Herstellung: Gundula Wanjek-Binder
Umschlaggestaltung: Kerker + Baum, Hannover
Grafiken: Monika Broeske; Theiss Heidolph; Marion Kreimeyer-Visse
Kartografie: Dr. Peter Güttler
Satz und technische Umsetzung: Typoplus GmbH, Hannover
Druck: westermann druck GmbH, Braunschweig

ISBN 978-3-507-50540-7